JN171815

直感で理解する！

山浦晋弘：著
日本建築協会：企画

構造力学の基本

学芸出版社

まえがき

　みなさんは自分の直感を信じているでしょうか。人間の直感は正しい — 私はそう思っています。日常生活では、ものごとを即座に判断し、答えを出す必要に迫られることが多く、そのたびにみなさんは直感力で対処しているように思います。たとえば、洋服を店で選ぶ時とか、あるいは進学先や就職先、人生の伴侶など一生を左右するような重大な選択をする場面でも、まず何かひらめくものがあるはずで、後付けで理屈を並べて自分自身を納得させているだけのような気がします。

　構造力学の世界においても、自分の直感が正しいということがあり、それが構造力学を理解する助けになります。長年の生活体験で無意識のうちに培われたものを利用しない手はありません。もちろん、その精度は経験によるところが大きいと思いますが、これから経験値を増やしていけば良いだけの話です。本書でも、みなさんに容易に理解してもらえるよう、例えを交えながら直感に訴える表現を心がけました。力学的に表現が正確さを欠くこともありますが、いきなり難しいことを正確に覚えようとするより、まず感覚として理解することのほうが大切だと考えるからです。

　拙著『直感で理解する！ 構造設計の基本』では、難しい数式を使わず、文章とイラストだけで構造力学と構造設計の橋渡しになるような本が一冊ぐらいあってもよいのではないか、という想いから執筆しました。今回もそのコンセプトを踏襲し、構造力学を解説しています。本書では、構造力学の入門書として部材の弾性範囲を取り上げ、微小変形範囲に限定しました。したがって、塑性域の挙動や座屈現象、振動現象などは本書の範囲外としています。また、数式や公式、解き方の手順を丸暗記するだけでは、構造力学を理解したことになりません。「知っている」ことと「使える」こととは違うからです。そのため、重要な式の展開を目で追えるように工夫し、イラストや写真、図表を用いながら平易な文章で解説しました。さらに、

付録として一級建築士受験にも役に立つ構造力学問題を厳選し、解くポイントをおさえられるように配慮しています。

　これから建築構造を学ぼうとする学生や若手の建築技術者（設計者・施工監理者）など建築構造を学ぶ必要のある実務者を読者の対象にしていますが、この本を手にとって読んでくださった方が、構造力学っておもしろそうだ、実際に建物の構造設計をやってみたい、と感じてもらえたなら、とてもうれしく思います。何しろ、構造力学を使って「0」から「9」までの 10 個の数字だけで建物を建てることができるのです。あの超高層ビルも、このスタジアムも。そして、建物のフォルムも性能もすべて 10 個の数字が支配するのです。その数字に命を吹き込む、それが構造設計という世界です。どうです、おもしろい世界だと思いませんか。

2018 年 2 月吉日

山浦晋弘

目次

第 1 章

構造力学を
学ぶ前に

第1節｜構造力学の立ち位置

① 東京タワーを見て

　東京の観光スポットといえば、東京スカイツリーや東京タワー、浅草寺（雷門）、上野動物園、東京駅（赤レンガ駅舎）などがすぐに思い浮かびます。また、それ以外にも東京ドームや靖国神社、美術館・博物館など、1日ではとても見て回れないほど数多くのスポットが点在します。

　東京スカイツリーと人気を二分する東京タワーは、総合電波塔として建てられ、昭和33年に竣工しました。高度経済成長のシンボルで、これほど

まで知られ、愛され続けてきた建築物はないでしょう。この激動の半世紀の間に、科学技術のめざましい進歩とともに日本全体がいろいろな形でアナログからデジタルへ変貌を遂げました。構造設計の世界もその例外ではありません。東京タワーにはその歴史が凝縮されているのです。

　また、これまで幾度となく歴代の構造設計者の手により、その時代の最新の解析技術を用いて風や地震に対する安全性の検証が行われ、美しいフォルムを変えることなく耐震改修が行われてきました。このタワーは当初、内藤多仲博士の手によりクレモナ図解法で設計されました。外力の設定など、博士の構造設計における先見性によるところも大きく、「技術」と「信頼」というバトンを歴代の構造設計者間でうまく受け渡ししながら、自然災害から東京タワーを守り、電波塔としての機能を維持させてきたと言えるでしょう。

　ところで、「まえがき」で述べたように、私たちは日常、0から9の10個の数字を用いていろいろな計算をします。極論すると、構造設計は0から9までの数字を使った街づくりとも言えます。とりわけ、建築物のフォルムを決めたり、地震や台風などに耐えられるような構造耐力を担保するための一連の計算を「構造計算」、その際に適用される科学を「構造力学」と呼びます。

　東京タワーは、日本に存在する他のタワーと比べてもひときわ美しく、その上品で凛とした佇まいは見る者を魅了します。この完璧とも言えるフォルムは、数字の必然から生まれているのです。しかし、ただ構造計算をしたからと言ってこのフォルムが生まれるはずもありません。構造計算を通して、設計の与条件を満たすように建築材料の特性や構造技術を合理的に適用していくことが必要になります。

　計画から施工に至るさまざまな与条件を満足させるような最適解を導くまで繰り返し行う、一連の検討行為が「構造設計」に該当するのですが、とりわけ建築物の力学的性質を構造力学により数式で表現し、その物理的、工学的な意味を理解することは、構造設計の根幹をなすものです。この過

程を怠ると、ただの「計算屋」になってしまいます。これから、構造力学の基本を解説していきますが、数式を暗記することが本書の目的ではありません。その物理的な意味を理解するために、実際に手を動かして例題を解いてみることをおすすめします。構造力学の基本知識（手計算）は、応用（創造）への第一歩です。

② まっすぐな棒は一本もない

左右対称な人間はひとりもいない―みなさんは当然のことのようにそう認識していると思います。鏡の前に立ってそこに映る自分を観察すればわかることですが、目の大きさ、腕の長さなど左右で違います。しかしそうは言いながら、その違いは無視できるほど、あるいは気にならないほど小さく、ほぼ左右対称だと思っているのではないでしょうか。

衣類やメガネなど、人が身につける商品はオーダーメイドを除き、左右対称を前提に製作されています。そうしないと商売としては成立しません。対称とみなすことでパターンの数が限定され、汎用性が増すとともに、生産性が一気に向上するようになります。それが証拠に、紙とカッターを使った切り絵でも、左右対称であることを利用すれば、写真のような複雑な切り絵を簡単に作ることができます。

このように、モノや現象のわずかな違いを無視して理想化できれば、驚

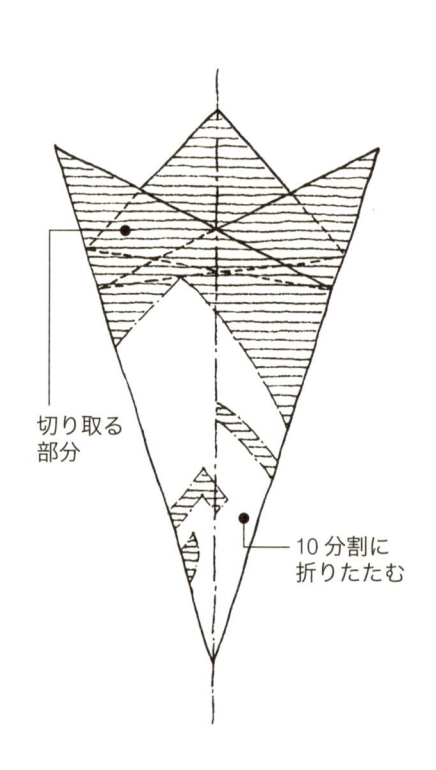

切り取る
部分

10分割に
折りたたむ

切り絵（完成後）

くほど取扱いが楽になり、考えも及ばなかった新たな事実を発見できることにつながるのです。それは建築材料についても同じことが言えます。たとえば、鋼材がそうです。左右対称な人間がひとりもいないのと同様に、均質でまっすぐな鋼材は 1 本もありません。一定の品質や性能を保証するために、どの工業製品にも寸法や化学成分などの許容差の基準が設けられています。いわゆる日本工業規格（Japanese Industrial Standards）というものです。

　たとえば、JIS G3193 では、「熱間圧延鋼板及び鋼帯の形状、寸法、質量及びその許容差」が規定されており、鋼板の長さ、幅、厚さの許容差や横曲がり、平たん度の最大値が設けられています。また、JIS G3136 では、「建築構造用圧延鋼材（SN 材）」の化学成分量や降伏点、引張強さ、降伏比などの機械的性質、形状、寸法、質量やその許容差が規定されています。たとえば SN 材の場合、厚さのマイナス側の許容差は 0.3 mm と設定されています。実際にはこれらの鋼材を使って柱はりを溶接接合しますが、溶接

による材料の性質の変化やひずみを考えると、実際に組み上がる鉄骨架構は、相当複雑なものになります。

　しかし、構造力学の世界では、こうした架構も理想化された部材の集合体として取り扱います。私たちは、建築材料の品質や性能のばらつき、寸法誤差などの影響を無視できるほどに小さいとみなすことによって初めて部材を理想化でき、簡単に解くことができるのです。大事なことですので、まずはこうした前提条件をしっかり理解しておいてください。

③ 「地域限定」と「適用範囲」

　各地の空港や駅、観光地の売店や土産物店では、必ずと言って良いほど「地域限定」や「期間限定」といった表示の商品を見かけます。これ以外にも「会員限定」や「数量限定」など、インターネット上を含め世の中には限定商品があふれています。手に入れにくいといった希少価値が私たちの購買意欲を刺激するため、つい買ってしまう人も多いのではないかと思います。

　何かにつけ限定するということは、言い換えればそれ以外には適用できないということになります。「那覇空港限定」と表示された土産品を京都駅で売れるかというと売ることはできません。わざわざ「限定」にした意味がなくなり、沖縄に行かないと買えないという希少価値を失うからです。「数量限定」と謳いながら、いつまでも商品を売っていたらどうなるでしょうか。きっと、誰もあわてて買わなくなるでしょう。

　中には消費者心理を逆手に取った詐欺まがいの限定商法もありますが、通常は何かを限定することにより商品価値が高まるのです。

期間限定メニュー（例）

　構造力学の世界では、「限定」された範囲内でものごとを考えていく必要があります。というのは、実物の建築物に適用するために部材を理想化したり、現象を単純化して近似式を用いる以上、必ず適用できる範囲が存在するからです。これを「適用範囲」と呼びますが、適用範囲を超えたところでいくら計算しても意味のある解は得られません。

　たとえば、構造用鋼材の引張応力度とひずみ度の関係はおおよそ次図のようになります。ひずみ度が小さい範囲では弾性性状を示し、応力とひずみの関係は比例関係を保ちます。さらに引張力を増していくと降伏現象が生じ、最後に破断に至ります。

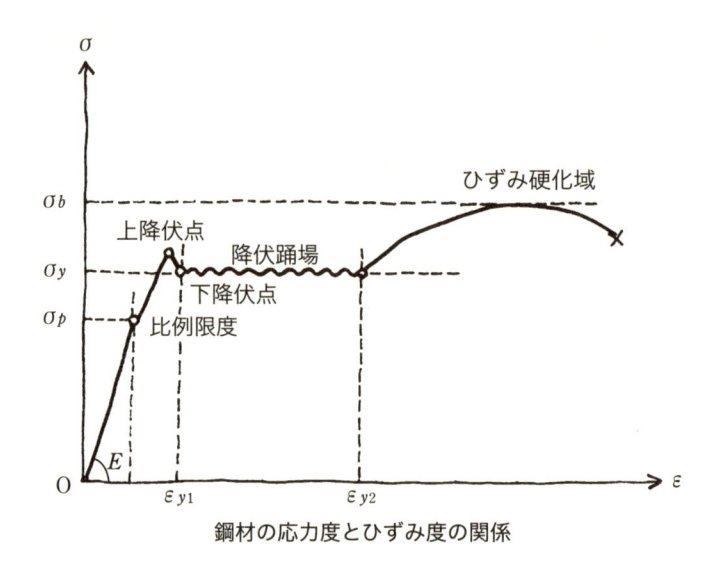

鋼材の応力度とひずみ度の関係

　両者の関係を理想化すると次図のように表すことができ、これを「完全弾塑性」と呼びます。

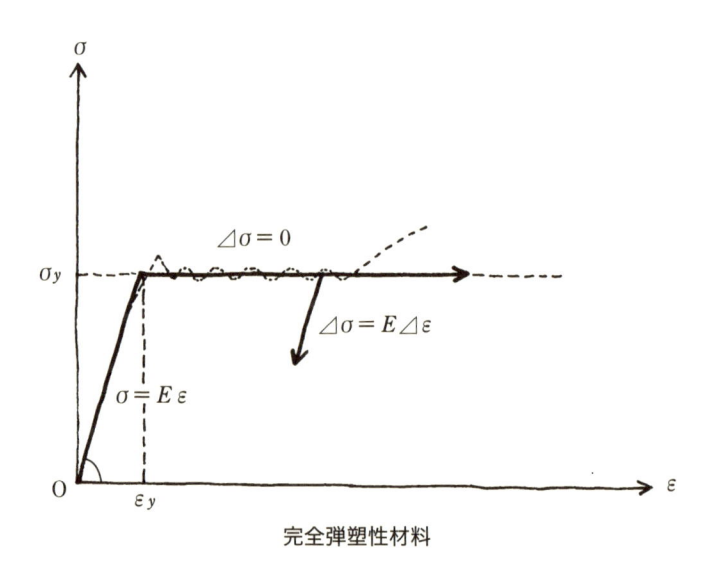

完全弾塑性材料

　材料の性質を理想化すると、単純な式で与えることができます。この行

為を「モデル化」、式そのものを「モデル」と呼びます。材料には、軟鋼のように大きなひずみにも耐えるもの（じん性材料）やPC鋼材のように高強度ではあるが明確な降伏点を示さないもの（ぜい性材料）があり、それぞれの適用限界を認識したうえでモデルを使わなければいけません。

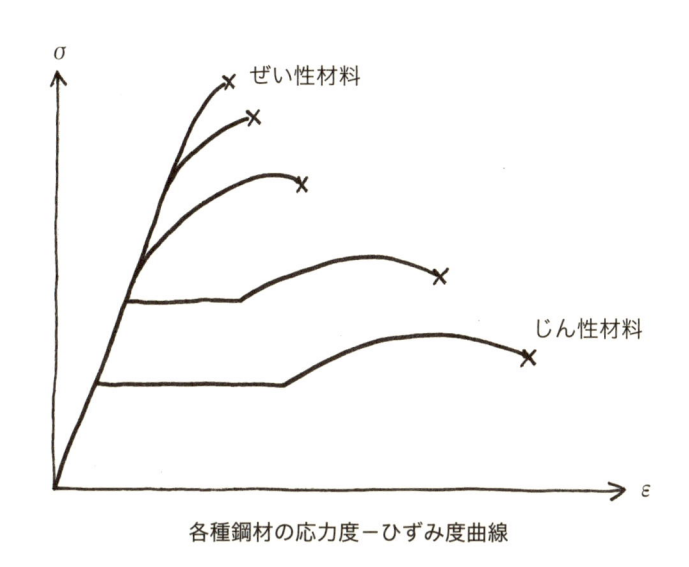

各種鋼材の応力度－ひずみ度曲線

④ 「まぁ、ええんじゃない」の世界

　新幹線で新大阪から東京へ行くとき、みなさんはまず何を知ろうとするでしょうか。途中の停車駅、それとも到着時刻でしょうか。東京で打合せや待合せ等の予定がある方なら、まず時刻表のアプリなどを使い、到着したい時刻からどの列車に乗ればよいかを知ろうとするでしょう。そのとき、途中停車駅の時刻や停車時間などはとくに知る必要がありませんし、よほどの必要がない限り知ろうともしないでしょう。まして、走行速度の履歴や隣の席に誰が座るのかなんて気にもかけません。このように、私たちは日常、自分の知りたい情報だけを抽出し、あえて他の情報を捨て去ることを繰り返しています。

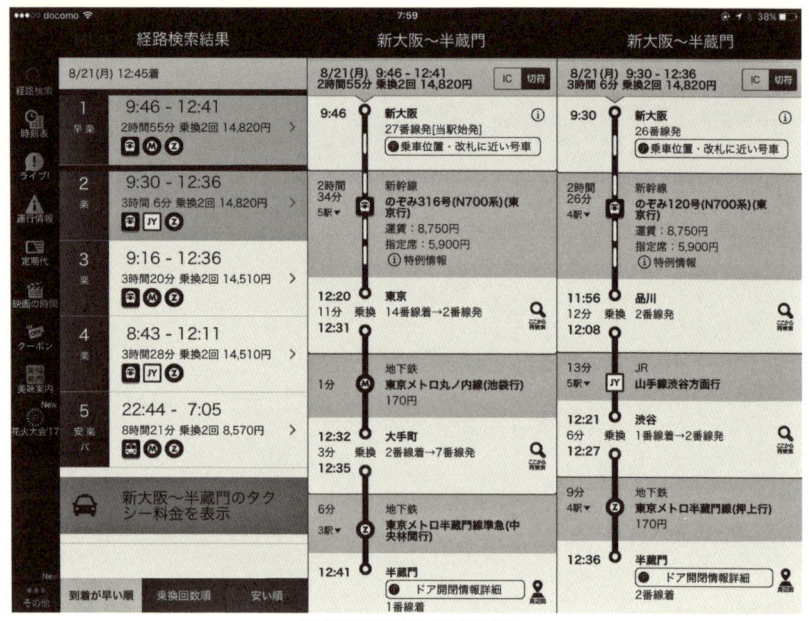

時刻表アプリの検索例

　時刻表の利便性は、列車の運行ダイヤが正確であればあるほど向上します。しかし、列車が毎回10分遅れるという場合も、別の意味で正確だと言えます。到着時刻が10分早い列車を選ぶか、乗車予定の列車を1本前のものにすれば時刻表は使えるからです。ここで重要なことは時間の精度です。精度の良し悪しが時刻表の利便性を決定するのです。

　構造力学におけるモデル化も同じことが言えます。みなさんは、中学校でフック（Hooke）の法則について調べるため、ばねに重りを吊るした実験をした経験があると思います。そのとき、重りの重さとばねの伸びを測り、グラフ用紙にプロットしたその離散値から、両者が連続的に比例関係にあることを推測しました。測定の精度が完璧であれば、離散値は一直線上に並びますが、いろいろな誤差が集積され、ピタッとは合いません。とはいえ、そこそこ合っているので両者は比例関係にある、というふうに割り切った結論を導いたのではないでしょうか。

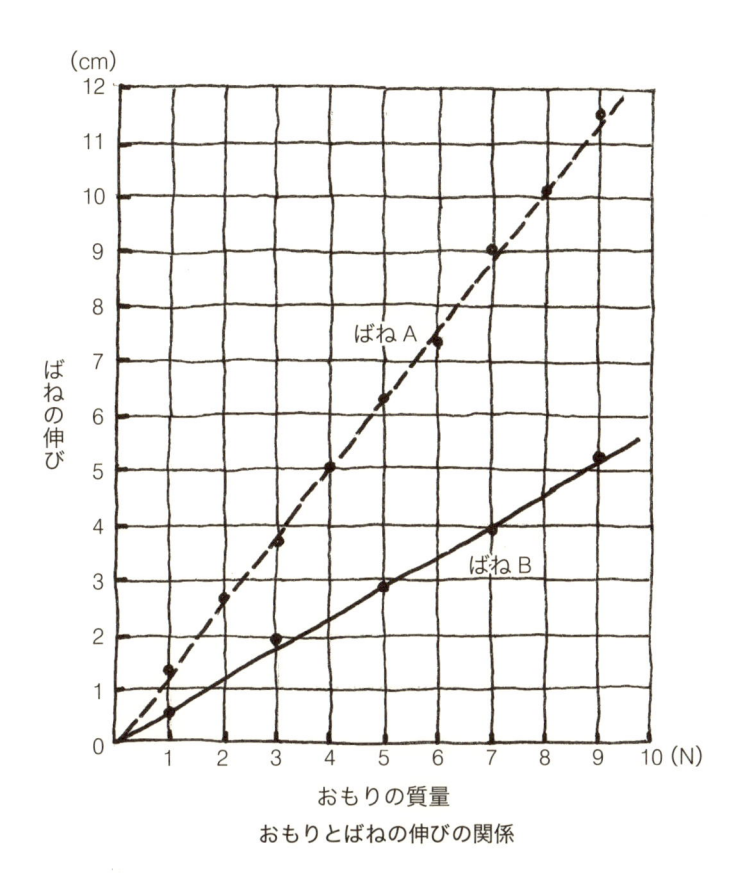

おもりとばねの伸びの関係

　このように、ささいなことは無視し、簡単な近似式で知りたい性質がわかれば良しとするのがモデル化です。もちろん、そこでは解の精度が求められます。精度が悪ければ、いくら解いても使い物になりません。自分の知りたい情報を精度よく抽出し、あえて他の情報を捨て去ることがモデル化であることをここで理解するようにしてください。

　本書では以下、とくに断りがない限り、応力とひずみが比例する部材のみを扱うこととします。

第2節｜構造設計と構造計算

1 無限にある「本日のメニュー」

一口に「本日のメニュー」と言ってもさまざまで、レストランや食堂、家庭、学校や病院など、提供場所や目的によっても変わります。誰もが毎日の料理に役立つ推薦レシピをスマホアプリで簡単に検索、情報共有できるようになり、メニュー選びで悩む人にとっては手放せないツールになりました。

先日入った、あるレストランのランチメニューは、前菜盛り合わせ、スープ、パン、本日のパスタ、デザート、コーヒーでした。パスタはパスタ、リゾットの2種から選ぶことができました。

本格的なフランス料理にもなると、前菜、サラダ、スープ、魚料理、ソルベ、肉料理、パン、チーズ、デザート、フルーツ、コーヒー、プチフールと一気に豪華さが増します。たとえば、スープにはコンソメとポタージュがありますし、温かいものもあれば冷たいものもあります。魚料理なら季節の魚介が、肉料理なら子牛やラム、鴨などの肉がさまざまな調理法で

出されます。また、チーズもフレッシュ、白カビ、青カビ、シェーブルな
ど多種多様です。このように、個々の食材、調理法、メニュー構成を考え
ていくと、「本日のメニュー」には無限の組合せがあると言えます。

　これを建築設計に当てはめて考えてみましょう。まず、設計の依頼を受
けたとき、通常は建物の建設場所、用途、規模、そして予算、工期などの
条件が与えられます。このとき、シェフに相当するのがプロジェクトマネ
ージャーで、建築家あるいは意匠設計者がなることが多いと思います。そ
して、彼らは実際にクライアントから話を聞き、建設予定敷地を見に行っ
て建築物のイメージを膨らませます。そして、設計コンセプトを練り上げ
ます。いわゆる本日のメニュー作りです。

提供場所、目的、
人数、予算、食材、
調理法

建設場所、用途、
規模、予算、工期、
材料、施工法

シェフと建築家の類似性

　プロジェクトマネージャーは、自分の考えたメニューに沿って、料理人
である構造設計者や設備設計者、場合によってはインテリアやランドスケ
ープなどのデザイナーと協働しながらそのコンセプトにふさわしいレシピ
を考えます。構造設計について言えば、意匠設計者（シェフ）のイメージ
を具現化させるために、構造設計者（料理人）が建築材料（食材）を吟味、

選択し、構造計算をしながらそれらを組み立てて（調理して）いきます。

　古代ローマ時代の建築家ウィトルウィウス（Vitruvius）は、著書『建築について』（De Architectura、建築十書）の中で、建築が有すべき三要素は「強」「用」「美」、すなわち構造のもつ強さと耐久性、機能性や快適性、そして建築の美しさであると述べています。多少こじつけになりますが、これを料理に当てはめると、栄養、食感や味あるいは香り、そして料理の見た目になるでしょうか。

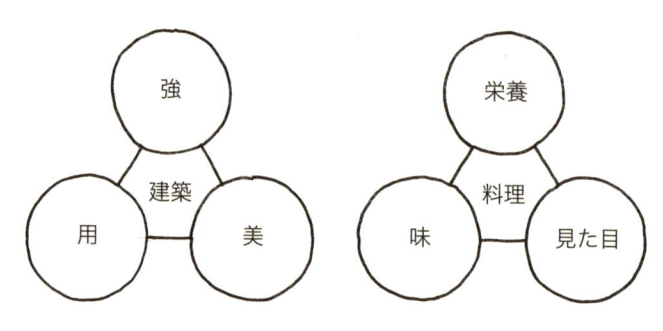

建築と料理の 3 要素

　いくら栄養価が高くても、本来食材が有する味が損われたり、色彩や盛り付けがいまいちだと、誰もおいしい料理だとは思いませんね。それと同じで、いくら頑丈に構造物を作っても柱やはりが大きすぎて室内が使いづらいとか、繊細さに欠けてイメージからかけ離れたものになってしまっては、せっかくの苦労が台無しになってしまいます。そのため、構造計画の中で構造的な合理性を追求しながらこれらのバランスを取っていくのですが、このときに構造力学の知識が欠かせません。みなさんも、構造力学の基礎を学んで、「強」「用」「美」を兼ね備えた建築物の設計ができるよう目指してください。

② 間違えるとこわい支点3兄弟

　1999 年、NHK 教育テレビの番組「おかあさんといっしょ」から生まれたオリジナル曲「だんご3兄弟」は、一時期社会現象にもなるほどの大ヒットとなりました。今でも幼児たちの間で根強い人気があるそうですが、構造力学の世界にも「支点3兄弟」というものが存在します。「支点」とは文字どおり骨組を「支える点」のことですが、実際の建物を支える基礎をイメージするとわかりやすいと思います。

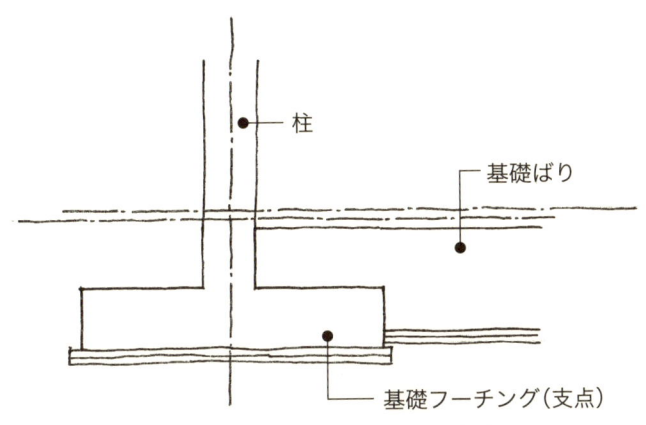

計算モデル（支点）と実物との対比

　支点3兄弟には「ローラー」と「ピン」、そして「固定」がいます。実際にはそのほかにも、支点がなく反力を受けない「自由」や有限の剛性をもった「ばね支持」といった従兄弟たちがいるのですが、支点条件として頻繁に出てくる兄弟を総称して「支点3兄弟」と名づけました。

　ある一方向には移動（変位）しないで、残りの方向には移動や回転ができる支持状態をローラー、全方向とも回転だけできる支持状態をピン、そして全方向とも移動、回転しない支持状態を固定と呼びます。これを x-z 平面上で考えると、次のように整理することができます。

支持状態と記号	イメージ	x 方向移動	z 方向移動	回転	反力の数
ローラー		○	×	○	1
ピン		×	×	○	2
固定		×	×	×	3

（凡例）○：自由　×：拘束

　これらの支持状態が変わると、応力状態も変わります。次の図は、支点条件の異なる1層1スパン架構について、水平力 P を作用させた場合に生じる部材の曲げモーメントの大きさを示したものです。

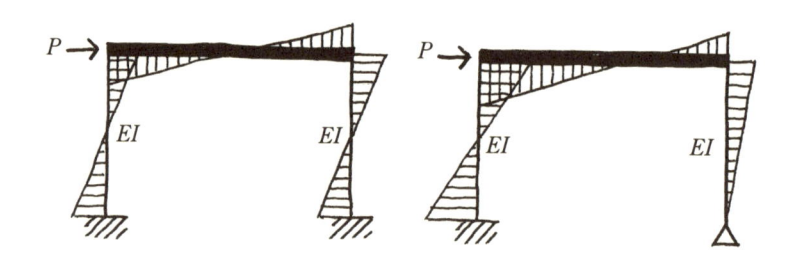

どちらが長男であるかはさておき、兄弟を間違えると得られる結果はまったく別物になるということがわかると思います。モーメントの求め方は別途解説するとして、ここでは支点条件を正しく評価することが大事だということを理解してもらえば結構です。

　以上が支点についての話ですが、部材と部材をつなぐ接合部、すなわち「節点」についても「剛」と「ピン」の接合状態があり、それぞれ伝える応力の種類が異なります。

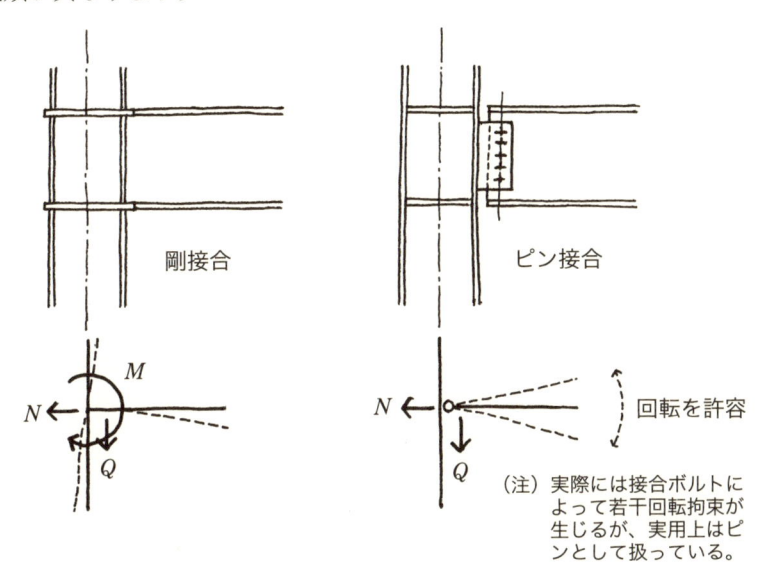

剛接合　　　　　　　　　　　ピン接合

回転を許容

(注) 実際には接合ボルトによって若干回転拘束が生じるが、実用上はピンとして扱っている。

③ 本人そっくりに描くことが良いとは限らない

　以前、ある女性の似顔絵を描いてあげたことがありました。自分ではそっくりに描けて満足していたのですが、後日友人を介して、本人が気に入っていないという話を耳にしました。どうやら本人が気にしている部分までリアルに表現したためにかえって不評を買ってしまったようで、時にはデフォルメすることも大事であるということを学びました。

　前節では、ささいなことは無視するというモデル化の話をしました。実際の建物では、はりの寄り寸法や鉛直方向のレベルもそろっているとは限

らず、屋根部分では雨水を樋に集めるため、はりに 1/100 程度の勾配（水勾配）がつくこともあります。また、部分的に仕上げ厚さが変わるとはりに段差を設けたり、必要天井高さを確保するために階高を上げることもあります。

　実際の建物を構造計算でモデル化することの意味について、次に示す 2 階建ての鉄筋コンクリート造の架構を例にとって考えてみたいと思います。

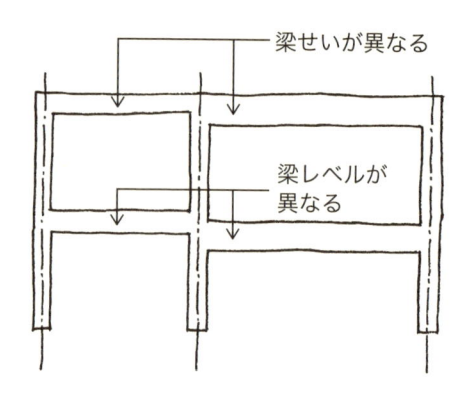

　応力解析を行う際、一般的には柱はり部材を線材に置き換えて計算します。線材は部材芯にあるものとして考えるので、各部材を線材置換させてラーメン架構を組むと次のようになります。

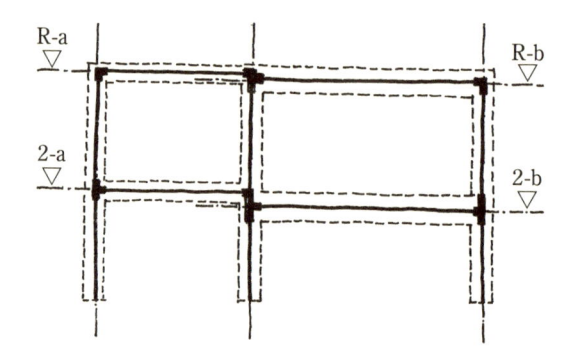

　通常、応力解析モデルでは水平変形が同一とみなす「層」を定義します。

通常は「階」と同じであることが多いのですが、このまま解析しようとすると中途半端な層が四つ（2-a、2-b、R-a、R-b）できてしまい、どれが2階の柱なのか、どれがR階のはりなのかわからなくなってしまいます。これはさきほどの本人そっくりの似顔絵に相当するもので、ありのままに線材置換させたにすぎません。したがって、まだモデル化をしていない状態と言えます。

さきほどの図をよく見ると、層R-aと層R-bのレベル差は、はりせいの違いによるもので、2階の階高と比較すればわずかなものです。また、層2-aと層2-bのレベル差も一部仕上げ厚さやはりせいの違いから段差が生じているものの、同様のことが言えます。

ではここで、2階の床面とR階の屋根面をそれぞれ層とみなし、水平変形が同一と考えてみましょう。各階とも平均せいを有するはりが並んでいるとみなせば、各階の柱の可撓長さがそろい、次の図のようにシンプルで整形な2層のラーメン架構になります。

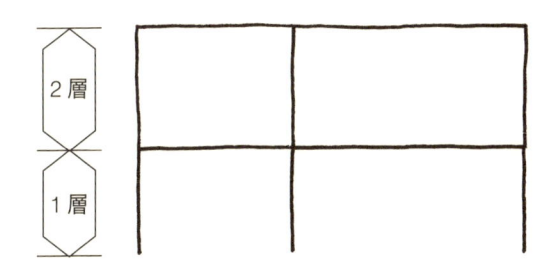

これがモデル化、すなわち似顔絵で言うところのデフォルメに相当します。『新明解国語辞典第七版』（三省堂）によると、「デフォルメ」とは「［絵画・彫刻などで］対象や素材の自然の形を、作家の主観を通し、そのイメージに合うようにとらえて表現すること」とあります。大切なことは、自分の意思や目的が入っていることです。それは言い換えると、自分が何を捨て、何を抽出したいのかがわかっていないといけないということでもあります。

解くものを想像する、実際の挙動をイメージするということは構造設計の基本です。そして、直感力はあらゆるものを想像する助けとなります。いつも視野を拡げ、実際のモノとモデルを比較する習慣をつけるようにしてください。

④ 構造力学は「正解」を教えてくれない

　前項の続きになりますが、次図のような床面（屋根面）に段差が 1500 mm ついている建物の場合、みなさんならどのようにモデル化しますか。

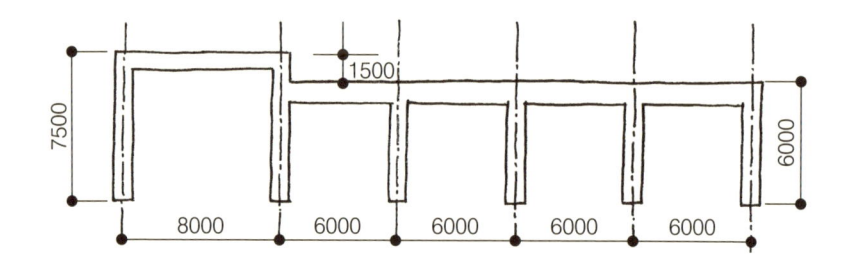

　床面が 2 段になっているから、2 層建物としてモデル化する人もいるでしょう。また、平家の建物だから 1 層建物としてとらえようとする人もいるでしょう。では、次のように床面（屋根面）の段差を 5000 mm にした建物はどうでしょうか。

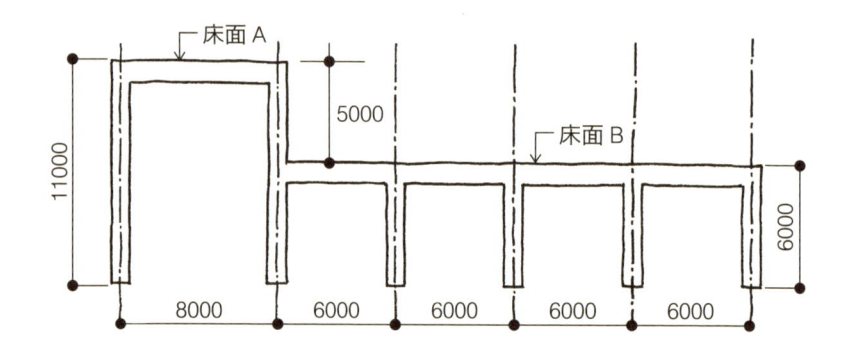

この場合は、1層建物としてモデル化する人はいないと思います。さきほどの建物との違いは屋根面の段差の大きさだけですが、一部吹抜けを有する2階建て建物ととらえるのが自然でしょう。振動論の観点から考えると、床面Aと床面Bをひとかたまりの質点、すなわち両者が同じ水平変形をするとみなせるかどうかにかかっていると言えます。その条件を満たせば、1層建物としてモデル化することができます。後者の建物のように、別々の挙動をするのであれば、2層建物として評価すべきでしょう。

　では、段差が500 mmの場合はどうなのか、さらに600 mmの場合は……と考えていくと、なかなか正解というものがすぐに出てこないと思います。ここで、床面Aと床面Bをひとかたまりとみなせるか、床面Aの慣性力がどこをどう伝わっていくかといった検討、考察が必要になります。とりあえず2層建物としてモデル化すれば、何も考えなくて楽なのでしょうが、それではいつまでたっても解析力や直感力は身につきません。

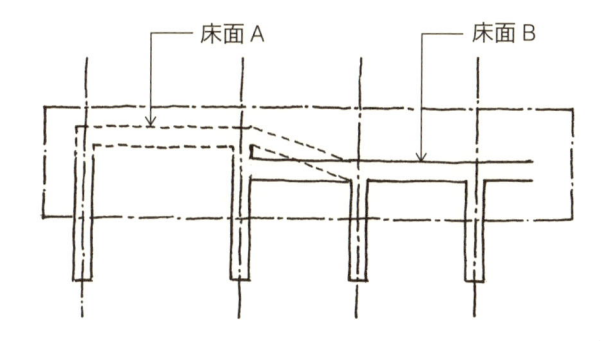

　構造力学の本を書いていて無責任な言い方かもしれませんが、構造力学は、ある仮定のもとにある解を導き、外力が建築物に及ぼす影響を把握する手段の一つであって、それが「正解」かどうかまでは教えてくれないのです。機械的に答えを出すのではなくとにかく考えること、つねに自問自答を繰り返すことが重要で、こうした習慣が構造力学を習得する近道であることを忘れないでください。

⑤ レシピに頼らない料理

　筆者は休日にケーキを焼くことがたまにあります。もちろん、料理本の該当するレシピを見ながら作るのですが、砂糖を控えめにしてちょうどぐらいです。レシピどおりの分量だと、たいてい甘すぎて自分の味覚に合いません。

　一方、何十年も家庭料理を作ってきた母は、材料や調味料の分量をいちいち量るようなことはせず、いつも目分量です。そして、味見をしながら少しずつ調味料を足し、本来の味に近づけていきます。実際、料理を口にしたときの味がいつも同じで、決してぶれることがないというのがすごいと思います。

　建築設計の世界でも、建物用途に応じてある程度決まったレシピはあります。レシピどおりに作ることも間違いではありません。しかし、建築主（注文客）の好み、建設時期（季節）やその地で調達できる建築材料（食材）やその品質、建築物（料理）の全体のバランスなどを見ながら、微妙に味付けを変えて設計者（料理人）のアレンジを加えていく工夫や手間が

必要で、それがプロフェッショナルに求められる職能でもあります。100人の料理人がいれば 100 通りの味付けがあるのと同様、100 人の設計者がいれば 100 通りの建築物ができます。

　誰がやってもできあがるものが同じであれば、設計者はひとりで十分ですが、建築主はそのようなものを求めないでしょう。設計の醍醐味やおもしろさは、自分なりの味付けができる点にあります。その中で、構造力学は設計（料理）の幅を拡げる役目を果たします。構造設計の中でも重要な部分を占めるので決しておろそかにせず、こつこつと基礎の習得に取り組むようにしてください。

風景の着せ替え

大阪に生まれてこのかた、一度も通天閣に上ったことがない。小学校の社会見学や遠足で天王寺動物園には行ったことがあるが、通天閣に行く機会はなかった。親に連れられてその足元まで行ったことは何度もあるが、いつでも上れると思いながら60年近く経ってしまった。その代わり、自分の意思とは関係なくスカイツリーに三度も上っている。

先日も、せっかく近くまで用事で行くのだから免震構造として生まれ変わった通天閣に上ろうと思い、意を決して入場券売り場まで行ったが、まさかの40分待ちである。40分も待つ忍耐力は持ち合わせておらず、この日もあきらめてコテコテの新世界界隈を徘徊して帰った。

通天閣に上れなかった者の僻みではないが、通天閣にせよ、東京タワーにせよ、つくづくタワーは遠くから眺めるものだと思う。それが一番美しい。直下から見上げたところで、感動を覚えるものは見当たらない。また、展望デッキに行っても、ビル群の間をアリのようにうごめく車をはるか下に目にするだけだ。

その反面、満開の桜越しに見る東京タワーの姿は凛々しく、裾野に向かって描いていくあのなだらかな曲線を官能的とさえ思う。スカイツリーは、古びた鉄筋コンクリート造建物の狭間をすり抜けるように直立する姿をテクノロジーの対比を味わいながら見るのが好きだ。通天閣は、ラブホテルの看板やネオンが並ぶ風景がよく似合う。

風景の着せ替えを楽しむ。タワーによってそれぞれ味わい方は異なる。タワーを遠くから眺めることで、むしろこだわりの撮影スポットやタワーのもつ新しい魅力を探す楽しみが増える。一度、自分なりの味わい方を探してみてはどうだろうか。

第 2 章

構造力学の基礎

第1節 ｜ 力のはなし

① 力はいつも3点セット

　家具や家電などの商品は「3点セット」や「5点セット」としてよく売られています。食卓のテーブルに椅子4脚をつければ「5点セット」になるわけですが、単品でも買うことができます。

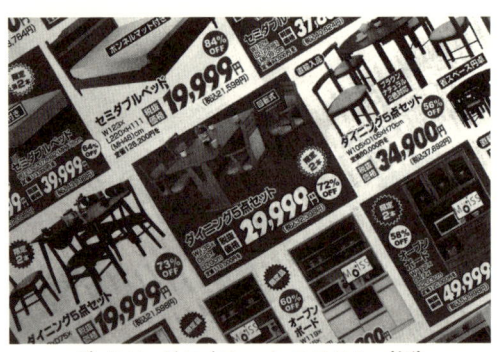

ダイニング5点セットのチラシ（例）

　力は、静止または運動している物体に作用して状態を変化させる原因となるものを指し、作用点、方向、そして大きさにより表すことができます。これらは食卓のように単品で使うことはできず、必ず「3点セット」で使います。通常、力はベクトル記号 F（または P）で表します。

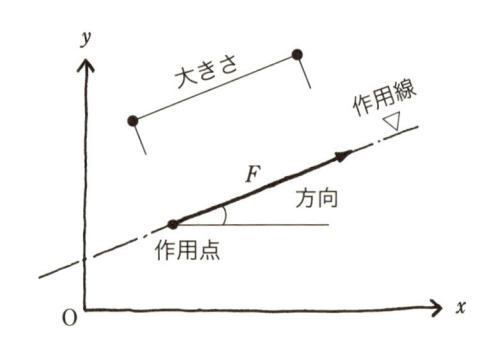

また、物体を回転させようとする力の大きさをモーメントと呼びます。力 F の点 O まわりのモーメント M_0 は、力 F と作用線に下ろした垂線の長さ l との積、すなわち

　　$M_0 = F \times l$

で定義されます。力 F が同一作用線上にあれば、作用点がどこにあってもモーメントの大きさは変わらないことが、この式からわかります。モーメントの正負については、点 O に対して時計回りに作用する場合を正、反時計回りに作用する場合を負として定義します。

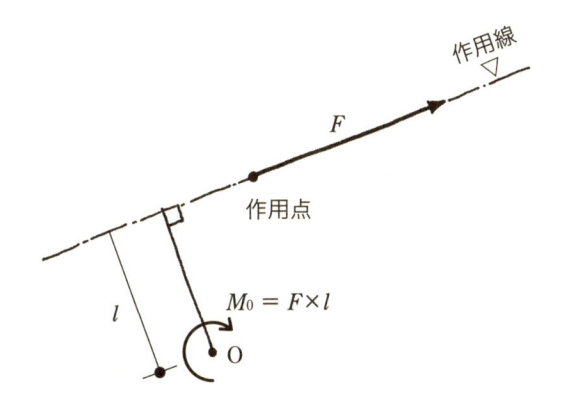

　次に、作用線が平行でかつ、向きが反対で大きさの等しい一対の力を偶力と呼びます。この偶力のモーメントも力 F と作用線間距離 l の積、すなわち $F \times l$ の大きさをもちます。

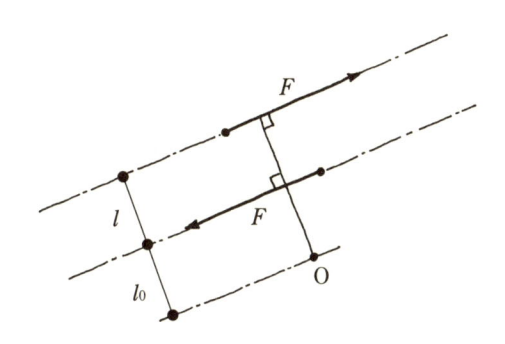

前頁の図に示す任意の点 O まわりのモーメントを求めると、

$$M_0 = F \times (l + l_0) - F \times l_0 = F \times l$$

となり、点 O の位置に関係なく偶力モーメントだけで表すことができます。つまり、偶力モーメントには方向と大きさだけをもつ性質があることがわかります。

② 力のつりあいは鏡と同じ

力のつりあいについては、すでに拙著（参考文献 1）で解説していますが、もう少し詳しく述べてみたいと思います。

前項で「力は、静止または運動している物体に作用して状態を変化させる原因となるもの」と説明しましたが、この力（またはモーメント）がある物体に同時に複数作用し、変化（移動や回転）を及ぼさない場合の力の状態を「つりあい」と呼びます。

x-y 平面上で考えると、力のつりあいが成立する条件は次のようになります。この場合、モーメントのつりあいは任意の点で成立します。

$$\Sigma\, Fx = 0、\quad \Sigma\, Fy = 0、\quad \Sigma\, Mz = 0$$

たとえば、綱引きの場合、両チームが引っ張る力の大きさを F_A、F_B とすると、力の作用線が共通で力が一点（交点 O）で交わります。このとき、交点 O でのモーメントのつりあいが必ず成立し、

$$F_A + F_B = 0 \quad \text{すなわち} \quad F_A = - F_B$$

より、力 F_A、F_B の大きさが等しく、向きが反対であれば、中央に立てられた旗は動かないことがわかります。右手を鏡に突き出せば、鏡に映った自分も同じ手を突き出す、そのような関係です。この力の均衡がくずれた時、綱がいずれかの方向に移動し旗が倒れて勝負がつくことは、容易に想像できると思います。

綱引きは x 方向についてのつりあいだけでしたが、x、y 両方向について同じことが言えます。この場合は図式で力を合成して解くことができます。具体的には、作用線の交点Oに力 F_1 と力 F_2 を移動させ、平行四辺形OACBの対角線 OC が合力の大きさと方向を示します。

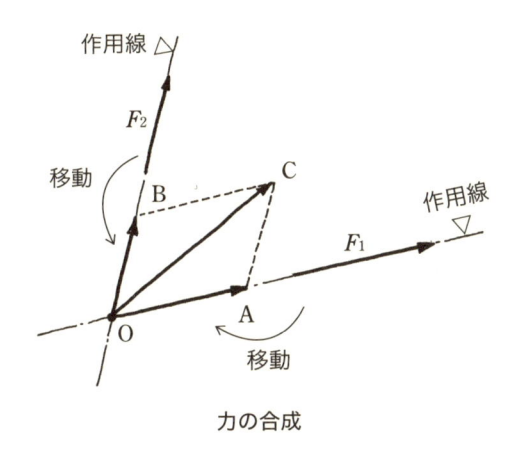

力の合成

力の分解はこれと逆の過程をたどれば良いのですが、作用線の選び方が無数にあるため、解も無数存在します。ただし、作用線をたとえば次図のように x 軸、y 軸にとれば、解は一つに定まります。

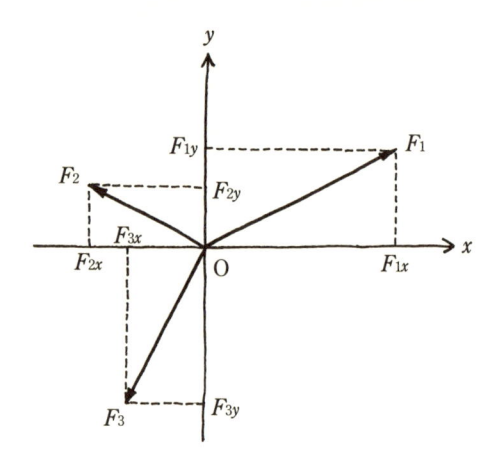

　力のつりあい条件式は、力を x 方向、y 方向に分解すると次式で表すことができます。

$$F_{1x} + F_{2x} + F_{3x} = 0$$

$$F_{1y} + F_{2y} + F_{3y} = 0$$

　作用線が一点で交わらない場合は、合力がゼロになる条件のほかに、回転しない条件が必要になります。たとえば、次図のような三つの力が作用する場合、点 O まわりのモーメントのつりあいを考えると、F_2 と F_3 の項が消えてもモーメント $F_1 \times l_1$ が残るため、x 方向や y 方向のつりあいを求めなくてもつりあわないことが簡単にわかります。三つの力がつりあうた

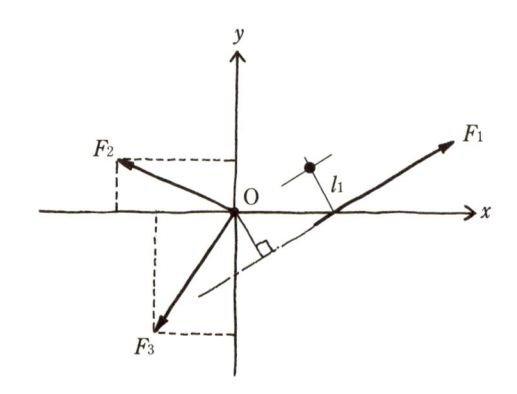

めには、作用線が一点で交わることが必要です。

　また、さきほど述べた偶力だけが存在するような場合は、ある点のまわりに回転し続けようとしますし、また力が一つだけの場合も一方向に移動し続けようとするので、つりあいは成立しません。

③ 車の速さと速度は違う

　日常会話では、「速さ」と「速度」を混同して使っても、通常はその大きさだけを話題にしているので、問題になることはありません。ところが、構造力学（または物理）の世界では、大きさのみをもつ量を「スカラー」、大きさと方向をもつ量を「ベクトル」と呼んで、これらを厳密に区別しています。

　スカラーの代表的なものには質量や長さ、面積、速さなどがあり、その大きさの数値そのものを示すため、絶対値（正の値）で表現されます。一方、ベクトルには力や速度、加速度、運動量などがあり、いずれも方向をもったスカラー量です。

　たとえば、電車がA駅を出発して一定の加速度a_1（等加速度）で時間t_1をかけて速度を上げた後、速度v_cで等速度走行し、B駅の手前で今度は一定の加速度a_2で時間t_3をかけて速度を下げ、B駅に停車するとします。その場合、次図のように電車の速度と時間の関係を表せます。

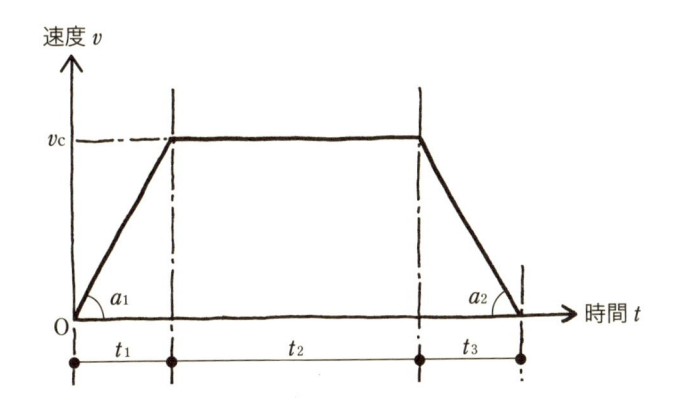

図中の直線の傾きは加速度（単位時間あたりの速度の変化量）を意味します。この直線が曲線の場合は、加速度が時間ごとに変化することを意味し、各時刻における曲線の接線の傾きがその時間の加速度を示します。言い換えると、微小な速度差 $\triangle v$ を微小な時間差 $\triangle t$ で割ったものが各時刻における加速度であり、次式のように表すことができます。

$$a = \frac{\triangle v}{\triangle t}$$

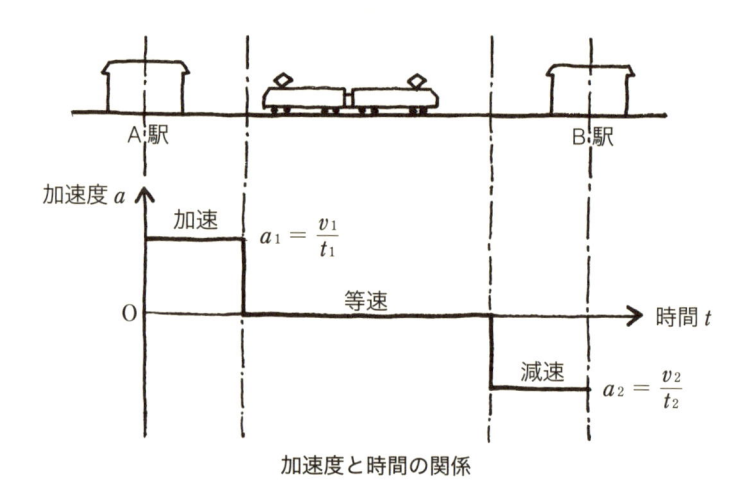

加速度と時間の関係

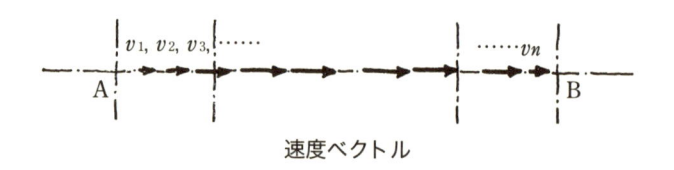

速度ベクトル

　上の加速度と時間の関係図に示すように、電車が駅を発車すれば加速度は正の値となり、等速運転に入ると速度変化がなくなるので傾きはゼロとなります。さらに、次の駅に近づくと減速するので加速度は負の値をとります。この場合、速度ベクトルはと言うと、大きさは異なりますがA駅からB駅に向かって移動するため、どの区間をとっても同じ方向を向いています。

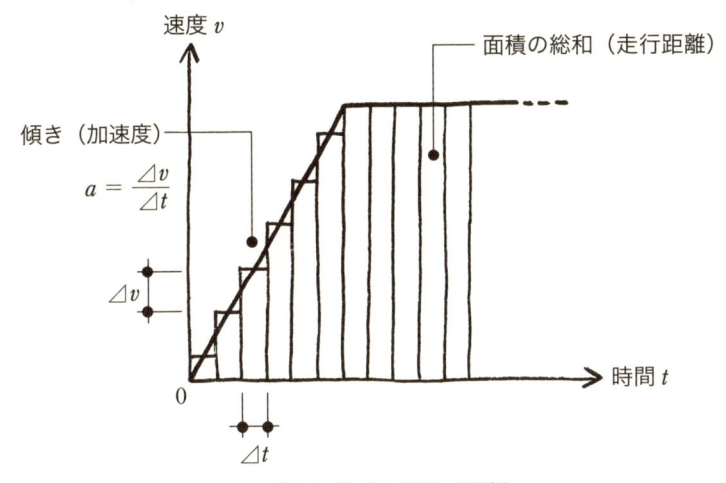

電車の速度と時間の関係

　ちなみに、電車の速度と時間との関係において、単位時間ごとの速度を累積していく（積分する）とグラフの面積が走行距離に相当することがわかると思います。このように、走行距離（変位）と速度、加速度は微分・積分の関係になっており、これらを整理すると次のようになります。

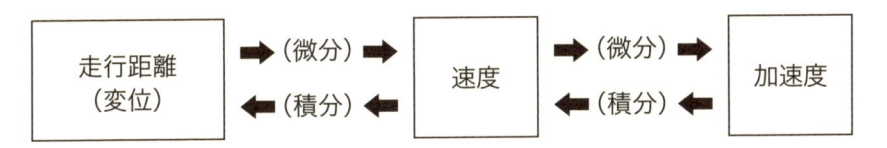

　微分・積分という言葉を聞くと難しいという印象を受けますが、グラフ上で考えればこれらの関係が直感でイメージできるのではないかと思います。また、曲げモーメント、せん断力、荷重も同じような関係にあり、その関係を示すと次のようになります。

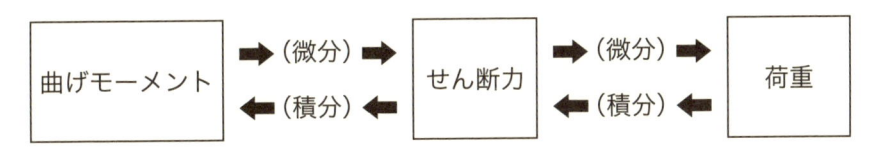

少しだけ難しくなりますが、分布荷重 $p(x)$ が作用する単純ばりを例にとり、つりあい方程式よりこれらの関係を導くことにしましょう。はりには軸力が作用しないものとし、はりの微小な幅 dx の要素に作用する力のつりあい状態を考えると、次の図のようになります。

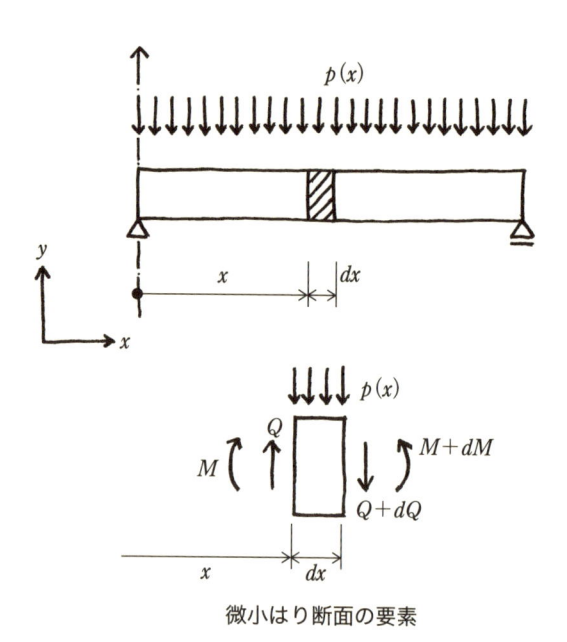

微小はり断面の要素

　はり要素幅 dx に作用する分布荷重 $p(x)$ を集中荷重に置き換えると、右図のように書き換えることができます。

　y 方向のつりあい　$\Sigma Py = 0$ より、

$$Q - p(x)dx - \left(Q + \frac{dQ}{dx}dx\right) = 0$$

これを dx で割ると

$$\frac{dQ}{dx} = -p(x)$$

が導かれ、せん断力 Q を微分すると荷重 $p(x)$ になることがわかります。

また、回転のつりあいより、

$$M + Qdx - \left(M + \frac{dM}{dx}dx\right) - p(x)dx\frac{dx}{2} = 0$$

ここで、dx が微小であるため最後の項を無視できるので、

$$\frac{dM}{dx} = Q$$

となり、曲げモーメント M を微分するとせん断力 Q になることがわかります。

以上より、

$$\frac{d^2M}{dx^2} = -p(x)$$

この式から、曲げモーメント M を2回微分したものが荷重 $p(x)$ ということがわかります。これらは、はりの基本的なつりあい式ですが、このようにいつでも式を導けるよう理解しておけば、無理して暗記する必要はありません。

④ 墓石で地震力の大きさがわかる？

比較的大きな地震が起きるたび、墓石が転倒する被害が報告されています。実は、この転倒した墓石をもとに、地震時の水平震度を簡便に推定することができます。地震後、墓石の転倒状況を調査して、地震動の大きさの見当をつける手法は、強震計の観測記録による解析結果を補完するものとして、現在も活用されています。何しろ、強震計より墓石の数のほうが圧倒的に多いのですから、簡便さの割にそこそこの精度が得られれば、これを利用しない手はありません。

その検討方法について以下に解説します。

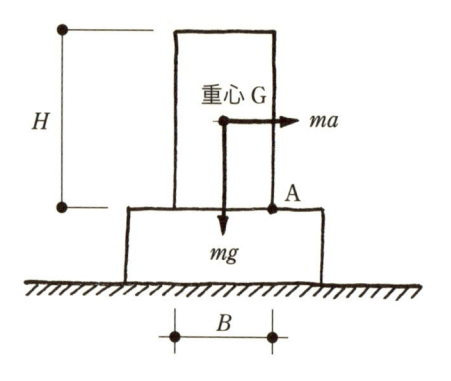

　上の図で、墓石の質量を m、幅を B、高さを H とし、重力加速度を g、地震時の水平加速度を a とおくと、墓石が点 A を基点に転倒する条件は、点 A まわりの転倒モーメントのつりあいより、水平加速度による転倒モーメントが自重による抵抗モーメントを上回る必要があるから、

$$ma \times \frac{H}{2} > mg \times \frac{B}{2}$$

となります。

　点 A において、墓石がつま先立ちをする時点、すなわち自重をこの 1 点で支えるときの慣性力と質量の比、あるいは両者を質量で割って得られる水平震度は、次式のように墓石の幅と高さの比として導くことができます。

$$\frac{ma}{mg} = \frac{a}{g} = \frac{B}{H}$$

　これを図解すると、慣性力と質量の合力の作用線が墓石の底面（点 A）より外側にあれば、点 A まわりに時計回りのモーメントが生じるため、墓石は転倒します。反対に、内側にあれば合力によって反時計回りにモーメントが発生しますが、台座がこれに抵抗するために転倒することはありません。

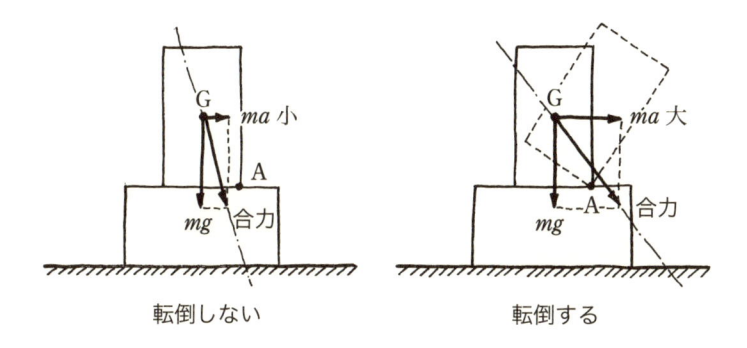

転倒しない　　　　　　　　転倒する

　この式は、墓石と台座、台座と地面間のまさつや上下動の影響を無視して静的に加力する仮定のもとに得られたものであり、決して厳密解ではありませんが、実用になるという事例です。なお、墓石の底面に作用する応力度と転倒との関係は、「基礎が転倒する条件を求めてみよう」（92頁）のところで解説します。

⑤ 綱引き必勝法もつりあい式で解ける

　誰でも一度は経験したことのある綱引きですが、小学生が運動会で行う綱引きと「全日本綱引選手権大会」等で大人が行う綱引きとでは、明らかにその様相が異なります。

小学 2 年生の綱引きの様子

スクリーンショット（引用元：https://www.youtube.com/watch?v=_1l-iOEHx20、2013.6.1）

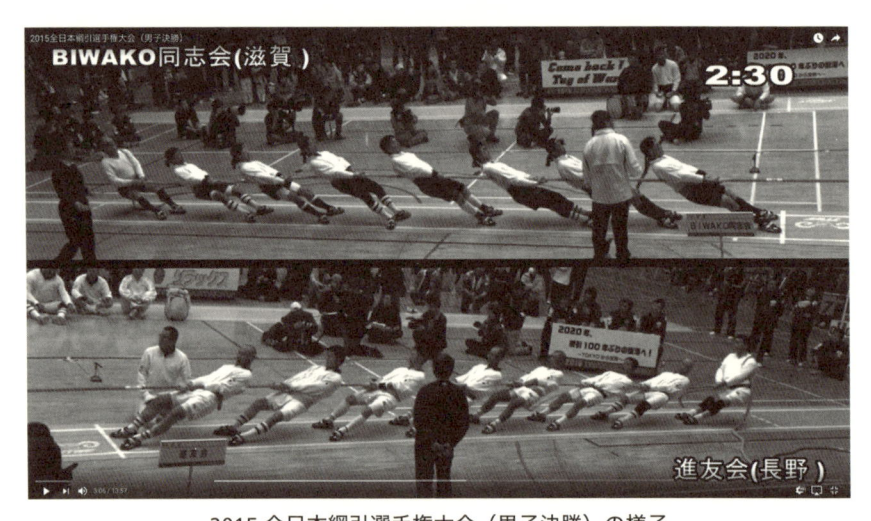

2015 全日本綱引選手権大会（男子決勝）の様子

スクリーンショット（引用元：https://www.youtube.com/watch?v=cHLBeMMdrug、2015.3.9）

　上の写真でわかるように、両者では綱を引く姿勢が大きく異なります。小学生はそれぞれが思うように綱を引っ張っているだけですが、全国大会

の決勝に残るようなチームだと全員がみごとに同じ姿勢で綱を引っ張っているのがよくわかります。相手チームもまた然りです。どうしてこのような差が出てくるのかを考える前に、綱引きの選手をモデルにして簡単なつりあい式を立て、綱引きに勝つ3条件について考えてみたいと思います。

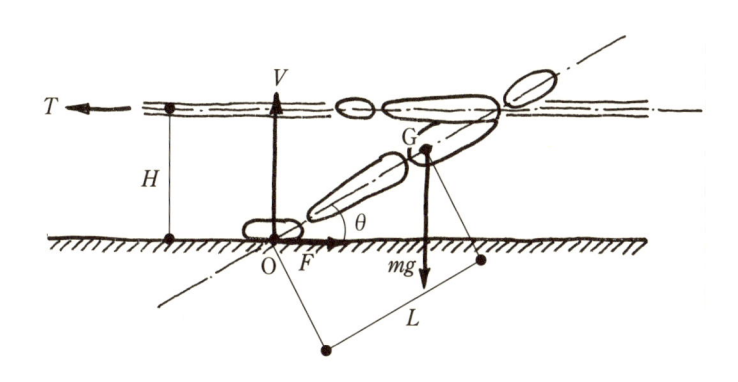

綱引きをして平衡状態にある選手について、支点をO、シューズの静まさつ係数をμ、人の質量をmg、人と地面とのなす角度をθ、重心Gと支点O間の距離をLとし、綱に作用する引張力をT、綱の地面からの高さをHとすると、鉛直方向のつり合い条件より、支点Oの反力Vは

$V = mg$

また、水平方向のつり合い条件より、綱の引張力とシューズのまさつ力Fが等しいことから

$T = F = \mu mg$

さらに、支点Oまわりのモーメントのつり合い条件より、

$T \times H = mg \times L\cos\theta$

と整理することができます。

ここでは簡単化するために、綱とそれを握る手との間にすべりがないものと仮定すると、綱引きに勝つための条件式は不等号を使って次のように求められます。

$$F = \mu\, mg \geq T$$

$$mg \times L\cos\theta \geq T \times H$$

これら二つの式より、綱引きに勝つためには、

①できるだけ体重を増やす（mg を大きく）

②姿勢をまっすぐにする（L を大きく）

③まさつの大きなシューズを履く（μ を大きく）

を満たすことが必要であるとわかります。もちろん、試合中の駆け引きも勝つための重要な要素だと思いますが、力学的には「重い、まっすぐ、滑らない」が綱引きに勝つための 3 条件と言えます。

　これらの条件は、直感力を使えば導き出せると思います。綱引きの選手たちはどうすれば綱引きに勝てるかを研究し、また日々練習されていると思いますが、決して構造力学の問題を解いたわけではありません。おそらく、試行錯誤を重ねて経験的にたどり着いた結果でしょう。しかも、両チームとも同じような姿勢をとって綱を引いていることからも、その試行錯誤は正しく、必然的にあの姿勢にたどり着いたと思われます。このように試行錯誤を重ねること、経験に基づく直感は、構造力学の世界でも大事な要素になります。いきなり細かなことを理解しようとするより、自分の頭で現象を大きな視点でとらえる、単純化して考えることを心がけるようにしてください。

⑥ 力の解体新書

　解体新書と言えば前野良沢や杉田玄白が有名ですが、ここでは力を分解、合成する方法を示し、力のつりあいの意味を図上で考えてみたいと思います。

　「力のつりあいは鏡と同じ」（36 頁）のところで解説したように、二つの力（F_1、F_2）の合力 R は、それぞれの作用線の交点へ力の作用点を移動させ、これらを 2 辺とする平行四辺形の対角線として求めることができました。

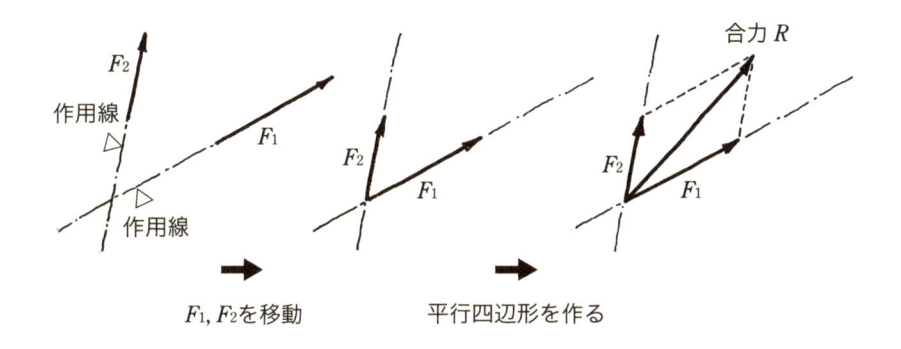

F_1, F_2 を移動 　　平行四辺形を作る

ここで F_2 を対辺へ移動させると、F_1、F_2、R を 3 辺とする三角形 OAC ができます。つまり、合力の作用線が二つの力の交点を通ることを利用すれば、いちいち平行四辺形を作らなくても、F_1 の先端から F_2 を描けば合力 R を求めることができるということを意味します。

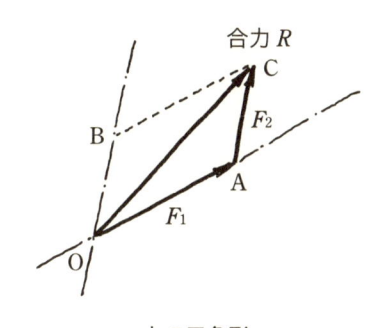

力の三角形

多くの力の合力を求めるには、次図のような要領で力の三角形を順に描いていけば良いということがわかります。これを力の多角形または示力図と呼びます。

ここで大事なことは、力がつりあっている場合、必ず力の多角形が閉じるということ、そして合力の順序を変えてもこの関係が成立するということです。参考までに、順序を変えて求めた示力図を示しておきます。

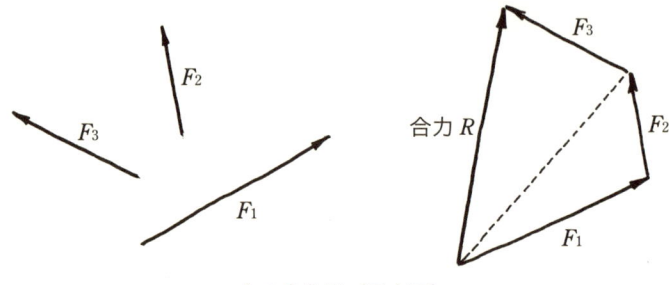

力の多角形（示力図）

以上の例では、作用線が交わる場合を扱ってきましたが、平行な場合でも大きさが等しく、方向が反対の二つの合力がゼロになることを利用して、次図のように合力を求めることができます。

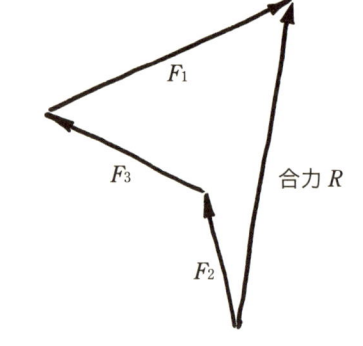

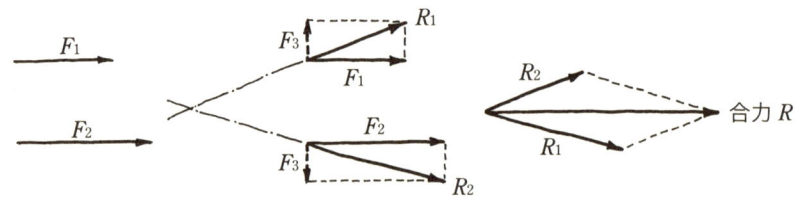

このように、示力図は合力の大きさと方向を求めることができますが、作用点を求めることができません。そのような場合、連力図を用います。この連力図の描き方を次に説明します。

さきほどの例で任意の点 O を選び、力の交点 A〜D を通る直線①〜④を引いた次の示力図において、F_1 は F_{11} と F_{12} の合力、F_2 は F_{21} と F_{22} の合力、F_3 は F_{31} と F_{32} の合力とそれぞれみなすことができます。ところが、F_{12} と F_{21}、F_{22} と F_{31} の合力はそれぞれゼロになるので、F_1、F_2、F_3 の合力は F_{11} と F_{32} の合力に等しくなります。

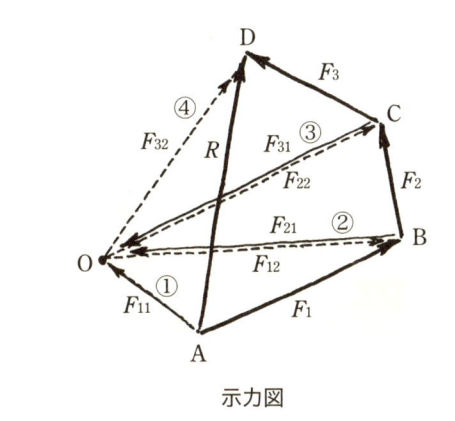

示力図

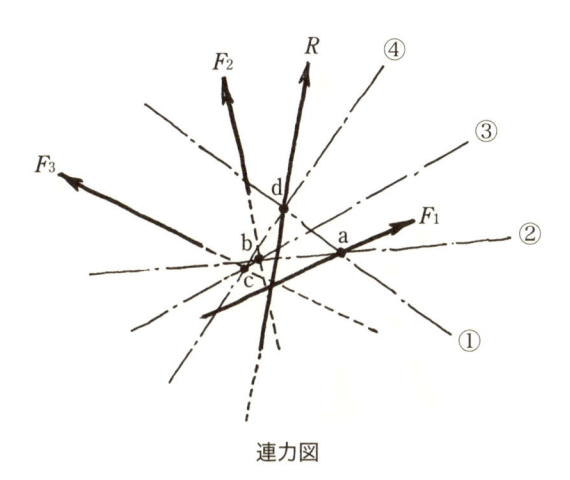

連力図

　力 F_1 の作用点 a を作用線上で任意に選び、合力である F_{11} と F_{12} に平行な直線①、②を引きます。続いて、直線②と F_2 の作用線との交点を b とし、F_{22} に平行な直線③を引きます。さらに、直線③と F_3 の作用線との交点を c とし、F_{32} に平行な直線④を引きます。この直線④と直線①との交点 d が合力 R の作用点になります。このとき、合力 R は交点 d を通り、示力図の力 R に平行になります。力の数だけこの手順を機械的に繰り返し行えば合力を求めることができます。実際に手を動かし、自分で簡単な例を用いて図上で確認してみてください。

第2節 | 力と安定のはなし

① 力にもいろいろある

牛肉はその部位によって、肩ロースやサーロイン、ヒレ、バラなどいろいろな呼び名がつけられています。肉質や味も部位によって異なります。

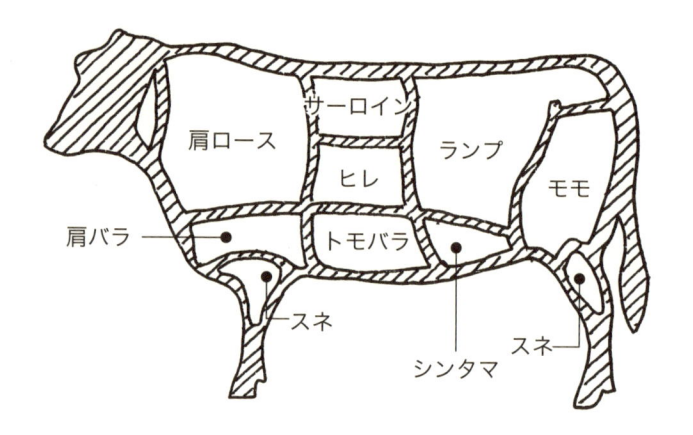

力もその作用部位や状態によっていろいろな呼び方をします。それらをまとめて示すと次の図のようになります。

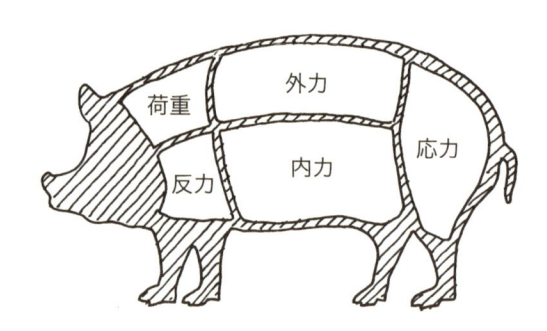

前節の綱引きのイラストで解説すると、綱に外部から作用する力を「外力」と呼びます。この場合の外力は、選手が綱を引っ張る力になり、この他にも重力による物体の質量、それに比例する地震力（慣性力）、そして風

圧力などがあります。また、外力 T が作用している綱の切断面には外力 T とつりあう力 N が必ず存在し、それを「応力」と呼びます。一方、選手が綱を力 T で引くには、支持点 O に力 T とつりあう外力が必要です。このように、外力が生じることにより支持点に発生する力 F、V を「反力」と呼びます。

任意に取り出した部分でもつりあい状態が保たれているので、あたかも外力となって作用している応力 N と作用反作用の関係（向きが正反対で力の大きさが同じ関係）にある力 N_0 が存在します。この力を外力に対して「内力」と呼んでいます。通常は、この応力 N を計算によって求めます。

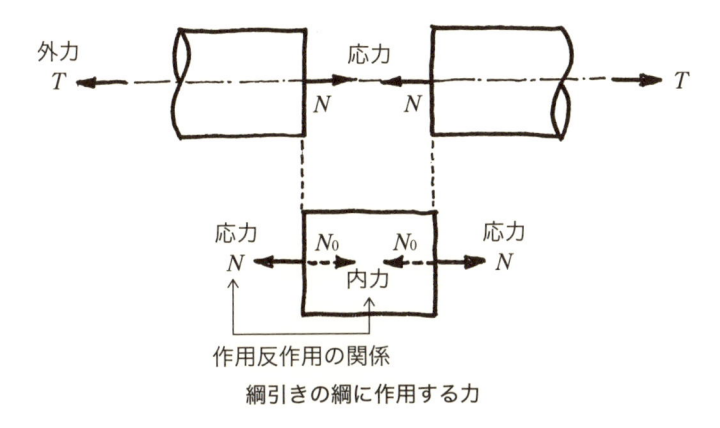

綱引きの綱に作用する力

② 断面力はみんなの力の結集

任意形状の棒材を考えたとき、その断面はある大きさをもっています。その棒材が外力を受けてつりあっている状態を考えると、その断面には応力が作用しています。材軸に垂直な面で切った断面に着目すると、それぞれの微小面積 $dA (= dy \times dz)$ に作用する力のベクトル dF が存在します。このとき、単位面積あたりの力の大きさは

$$f = \frac{dF}{dA}$$

で示すことができますが、これを「応力度」と呼びます。応力度も力と同

様、ベクトルで表すことができます。

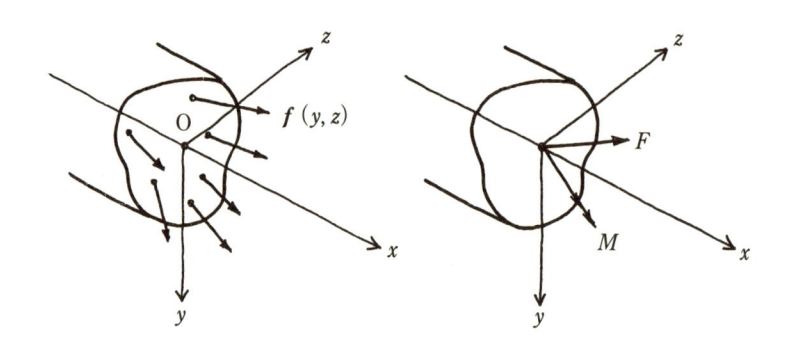

　これらを断面全体について足し合わせると、断面上の1点を通る力のベクトル F とモーメントのベクトル M で表すことができます。両者を「断面力」と呼び、積分の形で表現すると次のように表されます。断面力は断面内に作用する力の集合体と考えることができます。式だけ見ると難しそうな印象を受けますが、決してそうではありません。簡単に言うと、「積分」は「ある範囲のものをすべて足し合わせること」です。このように、式のもつ意味をまずイメージし、どういうことを言っているのかを考える習慣を身につけると良いと思います。

$$F = \int f dA = \iint f \, dy dz$$

$$M = \int r \times f dA = \iint r \times f \, dy dz$$

これらの断面力はベクトルであるので、それぞれの座標軸方向に分解す

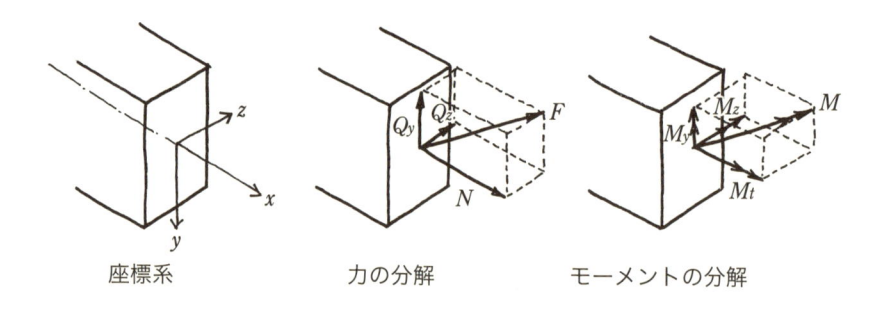

座標系　　　　　　力の分解　　　　　モーメントの分解

ることができます。

　材の x 軸方向に作用する力 N を「軸方向力（以下、軸力）」、y 軸または z 軸方向に作用する面内成分の力 Q_y、Q_z を「せん断力」と呼びます。また、モーメントについて、材軸である x 軸まわりに作用するモーメント M_t を「ねじりモーメント」、y 軸または z 軸まわりに作用するモーメント M_y、M_z を「曲げモーメント」と呼びます。

　具体的にどのような力が作用するのかについては、次のような変形をイメージすると良いでしょう。

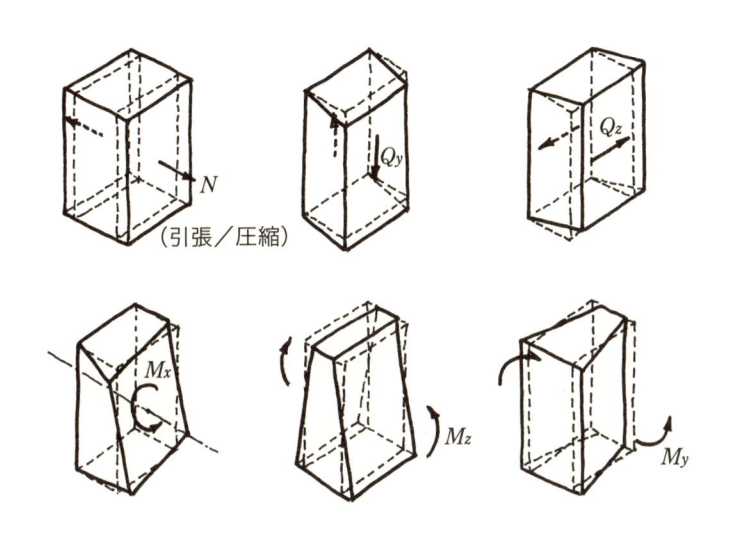

③ 小さいことはいいことだ

　昭和40年代、大手製菓会社から大型の板チョコが50円で発売されました。そのとき、テレビで当時人気を博した指揮者、山本直純氏が気球に乗って指揮をしていたCMソングが「大きいことはいいことだ」で始まる曲でした。日本の高度成長期にあって、それを象徴するかのようなこのフレーズは今でも覚えています。板チョコは安くて大きいと大歓迎ですが、構造力学の世界では「大きいこと」は何かと取扱いが面倒なことになります。

たとえば、次の図に示す角度 60°で交わる同じ材質の棒材 OA、OB の交点に、集中荷重 P が作用する場合を考えてみましょう。ここで、棒材の長さを l、断面積を A、自重は無視します。

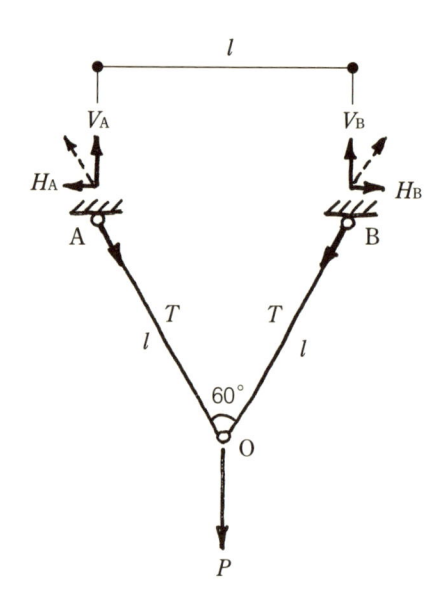

　棒材の伸びが微小であると仮定した場合、変形前の幾何学的な関係から支点 A、B の反力を求めることができます。その対称性から反力 V_A、V_B、および作用軸力 T は

$$V_A = V_B = \frac{P}{2} \qquad H_A = H_B = \frac{P}{2\sqrt{3}}$$

$$T = \frac{1}{\sqrt{3}} \times P$$

と表され、作用軸力 T は集中荷重 P に比例します。

これに対して、棒材の伸びが無視できないほど変形する場合、次図のように交点 O が O′ に移動し、幾何学的変化が生じます。

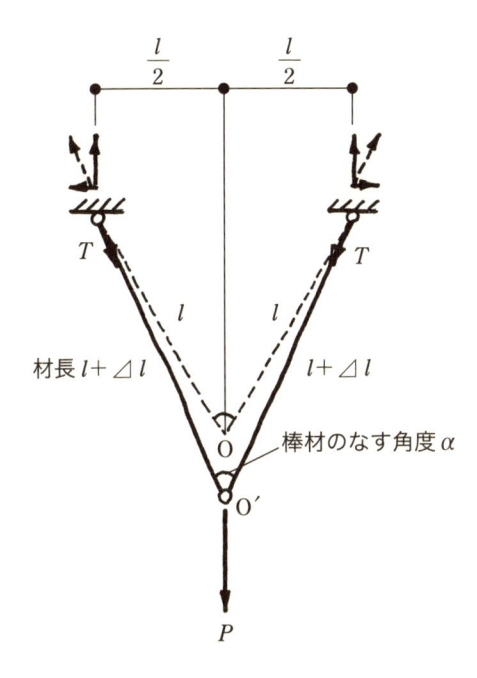

　したがって、張力 T は $P/\sqrt{3}$ とはならず、棒材のなす角度 α に依存します。一方、α は棒材の伸び $\triangle l$、すなわち自身の張力 T によって変化するので、つりあい条件は未知量 T と $\triangle l$ を含む非線形の式になります。

このように、構造力学を考えていくうえで、微小変形を仮定するとその取り扱いが簡単になることがわかります。荷重を作用させたとき、著しく伸縮する建築部材は通常使われておらず、ケーブル構造などの特殊な場合を除き、実用上微小変形の仮定が成立するものとして解くことが一般的です。

　また、部材の変形が微小で、部材の応力とひずみが比例する場合、作用する複数の力によって部材に生じる応力と変形は、それぞれの力によって生じる応力と変形を重ね合わせたものに等しく、それはどういう組合せにおいても成り立ちます。これを重ね合わせの原理と呼びます。次の簡単な例で示してみましょう。

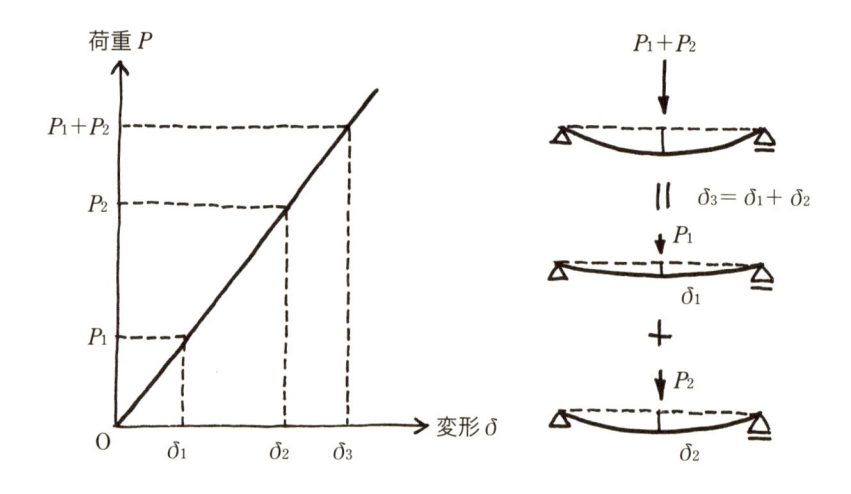

線形弾性の荷重と変形の関係

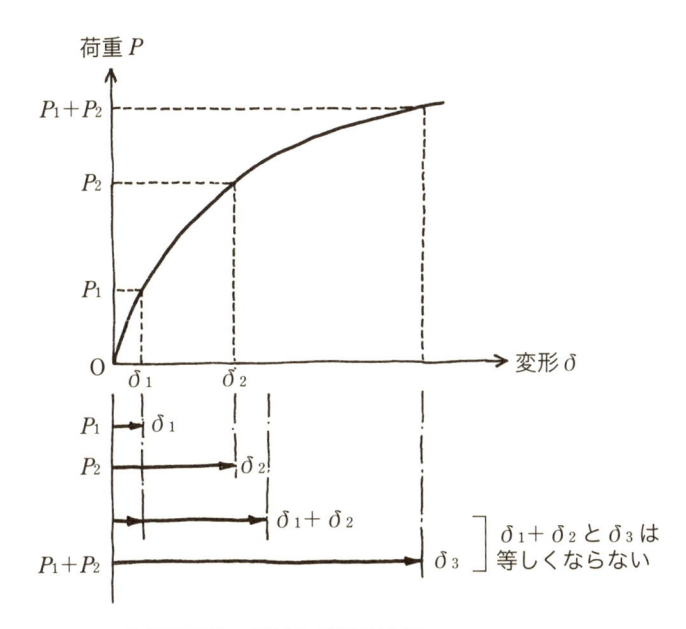

非線形弾性の荷重と変形の関係

上の図は、材料の性質が線形弾性の場合と非線形弾性の場合を比較できるように示したものです。力 P_1 と P_2 が作用したときの変形 δ_1 と δ_2 を単純に足し合わせて求めた値と力 P_1 と P_2 を同時に作用させた場合の変形 δ_3 を比較すると、線形弾性の場合はその大きさが等しくなりますが、非線形弾性の場合は等しくならないことがわかります。

また、線形弾性の場合の曲げモーメント分布図は右図のようになり、応力の重ね合わせが成立します。

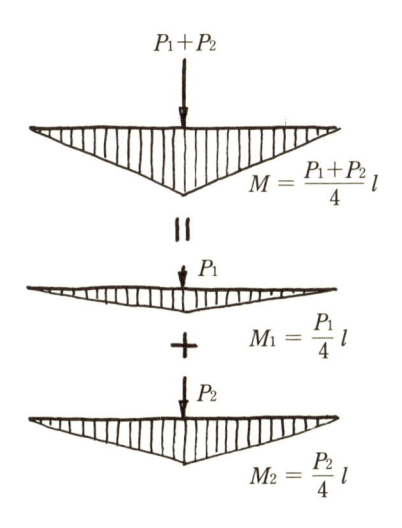

$$M = \frac{P_1 + P_2}{4} l$$

$$M_1 = \frac{P_1}{4} l$$

$$M_2 = \frac{P_2}{4} l$$

④ これ、コケる？　コケない？

　「物価や物資の供給が安定している」という場合は、変動がなく落ち着いた状態を指しますが、建築物も台風、地震などの荷重に対して地盤上に建ち続ける、つまり「安定」であることが求められます。これと反対に、外力により移動したり、回転・転倒するような構造を「不安定」と呼びます。

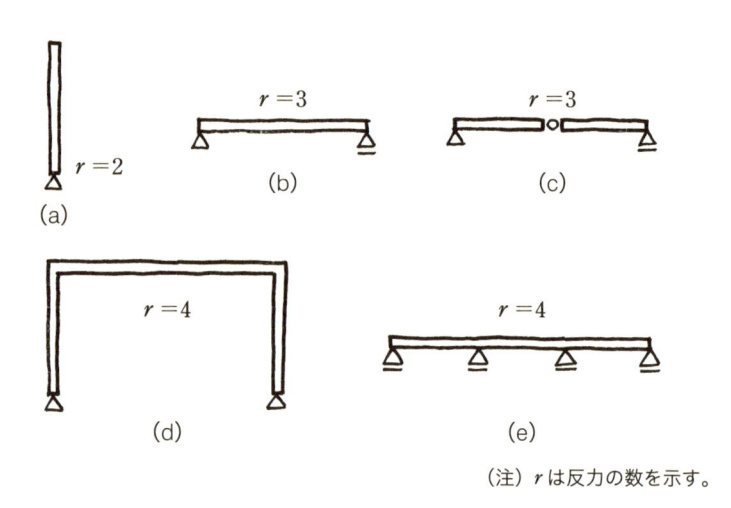

（注）r は反力の数を示す。

　上の (a)から (e)に示すいろいろな支持条件をもつ平面構造物を例にとって考えてみましょう。この中でぐらぐらして不安定なものは(a)、(c)、(e)の三つで、安定なものは(b)と(d)だということが直感でわかると思います。

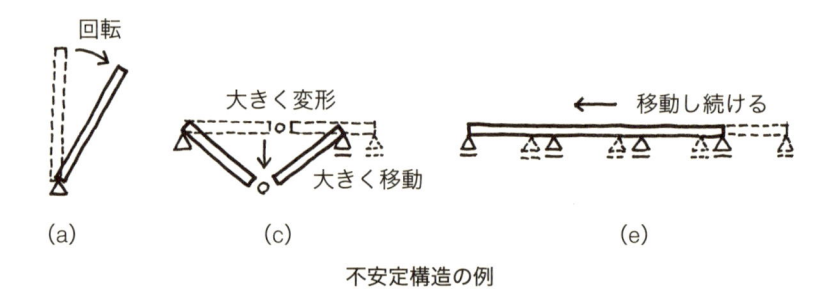

不安定構造の例

(b)と(d)については、互いに独立な反力の数をrとするとx、y方向の力と回転について三つのつりあい方程式ができるから、$r = 3$であれば反力や任意の断面力はすべて力のつりあい条件だけで求めることができます。これを「静定」と呼び、それ以上のもの（$r > 3$）を「不静定」として区別します。不静定の場合は、力のつりあいだけでなく変形状態を考えないと解けません。

　反力の数rと安定・不安定、静定・不静定の関係を一覧表に示すと次のように整理できます。$r < 3$であれば不安定になりますが、反対に不安定であっても必ずしも$r < 3$とは言えないので注意してください。

反力の数 r		安定・不安定 / 静定・不静定		
$r < 3$	(a)	不安定		
$r = 3$	(b)	安定 / 静定	(c)	不安定
$r > 3$	(d)	安定 / 不静定	(e)	不安定

　次に、構造物の安定・不安定の判別条件を求めてみましょう。構造物が安定であれば、どの部材応力もつりあっているので、一つの部材に対して三つのつりあい式を作ることができます。ここで、部材の数をm、反力の数をr、全ての節点における未知応力の総数をnとすると、つりあい式を$3m$個作ることができます。また、つりあい式の未知数の数は$n + r$となります。これらが等しいとき、力のつりあいだけで応力を求めることができ、「静定」となります。これらを一覧表にすると次のようになります。

条件式	安定・不安定 / 静定・不静定
$n + r < 3m$	不安定
$n + r = 3m$	安定 / 静定
$n + r > 3m$	安定 / 不静定

　各節点の未知応力の数については、部材を分離して考えるとよくわかります。たとえば2本の部材がL形に剛接合されている場合、a、b部材の材

端応力は剛節点であるから、それぞれ曲げモーメント、せん断力、軸力の3種類が存在します。節点でのつりあいより、b部材の材端応力はa部材の材端応力で表すことができ、未知応力の数は3個ということになります。

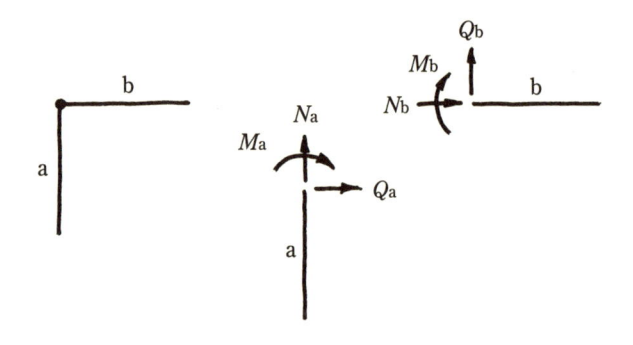

$$Q_a + N_b = 0 \qquad \therefore N_b = -Q_a$$
$$N_a + Q_b = 0 \qquad \therefore Q_b = -N_a$$
$$M_a + M_b = 0 \qquad \therefore M_b = -M_a$$

では、次のように3本の部材が1点に集まり、c部材のみがピン接合されている場合はどうでしょうか。これについても、さきほどと同様の考え方で未知応力の数を求めることができます。a、b部材の材端応力の数はそ

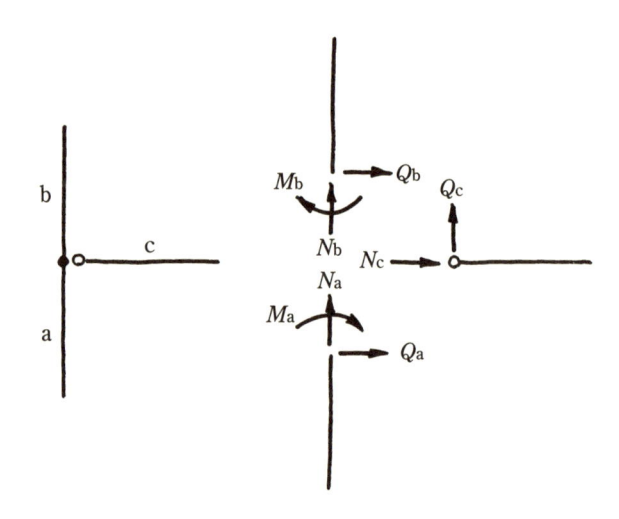

れぞれ3個ですが、c部材は材端がピンであるので2個、したがって合計8個となります。

　節点でのつりあいより、

$$Q_a + Q_b + N_c = 0 \qquad \therefore N_c = -Q_a - Q_b$$

$$N_a + N_b + Q_c = 0 \qquad \therefore Q_b = -N_a - N_b$$

$$M_a + M_b = 0 \qquad \therefore M_b = -M_a$$

と導くことができるから、未知応力8個のうち、3個は残りの未知応力で表すことができます。したがって、この節点での未知応力の数は5個ということになります。

　次に、例題としてトラス架構の安定・不安定と静定・不静定を判別してみましょう。

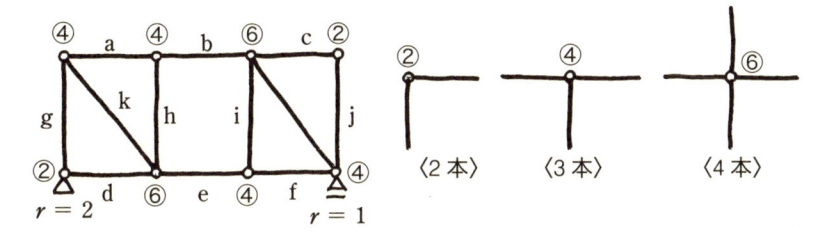

（注）丸囲みの数字は各節点での未知応力数を示す。

　上の図で、部材の数は $m = 12$、反力の数は $r = 3$ （$= 2 + 1$）、全ての節点における未知応力の総数 $n = 32$ （$= 2 + 2 + 4 + 4 + 4 + 4 + 6 + 6$）より、

$$n + r = 32 + 3 = 35$$

$$3m = 3 \times 12 = 36$$

　したがって、$n + r < 3m$ となり、「不安定」と判別されます。計算するまでもなく、変形図を頭に描けばわかると思います。

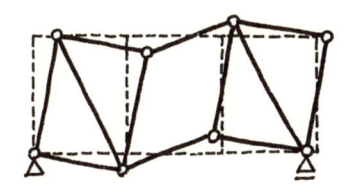

これを安定にするには、中央部に斜材を1本追加してやれば良いことに気づくでしょう。いわゆるトラス架構になるわけです。

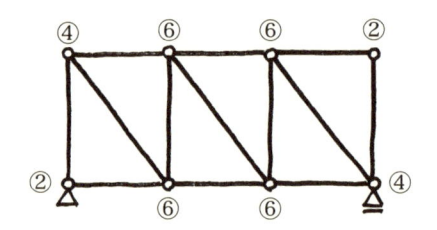

（注）丸囲みの数字は各節点での未知反力数を示す。

　ちなみにこのとき、

$$n + r = 36 + 3 = 39$$
$$3m = 3 \times 13 = 39$$

より、$n + r = 3m$ となり、安定かつ静定と判別されます。

　もう一つ、次のような架構の安定・不安定と静定・不静定を判別してみましょう。

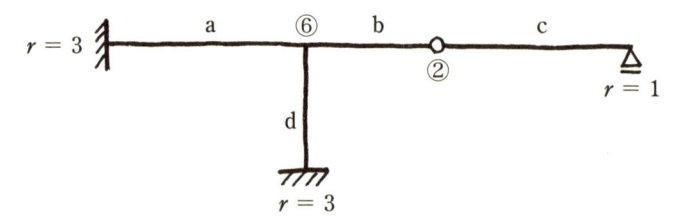

（注）丸囲みの数字は各節点での未知反力数を示す。

　上の図で、部材の数は $m = 4$、反力の数は $r = 7$（$= 3 + 3 + 1$）、全ての節点における未知応力の総数 $n = 8$（$= 6 + 2$）より、

$$n + r = 8 + 7 = 15$$
$$3m = 3 \times 4 = 12$$

　したがって、$n + r > 3m$ となり、安定でかつ不静定であることがわかります。このように不静定構造の場合、「$n + r - 3m$」を不静定次数と定義し、この例題では「3次の不静定」になります。

⑤ 「不」のつく方がより安全という不思議

　「不」という文字はものごとを否定したり、打ち消したりする接頭語です。たとえば、「不可」「不当」「不和」「不在」など、イメージそのものが良くない印象を受けます。ところが、前項で出てきた「不静定」という語句は安全性の面においてはプラスの役目を果たします。結論から言うと、不静定次数が大きいほどより安全（安心）だということが言えるのです。

　簡単な例で考えてみましょう。2種類の構造体(a)(b)を比較した場合、直感でどちらがより安全だと思いますか。(a)のような構造物にはたとえば高速道路の橋脚や看板の支柱などがありますが、柱が破壊することはそのまま崩壊を意味します。一方、(b)ははり材を1本なくしても全体崩壊には至りません。つまり、不静定次数は拘束力を表していると言えます。

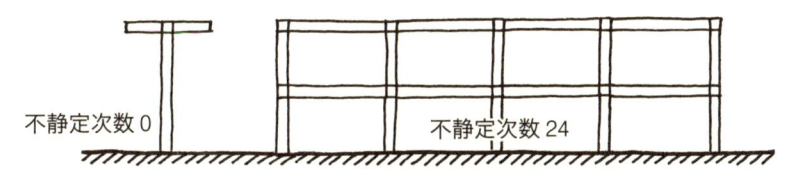

不静定次数 0　　　　　　　　　不静定次数 24

　不静定次数を計算すると、(a)は静定、(b)は24次の不静定となります。剛節点や部材の数、支点反力の数が多いと不静定次数が増えますが、実際の建築物で考えると、それだけ想定外の外乱に対して抵抗する要素が多く、強いことを意味します。言い換えると、不静定次数の低い構造物ほど、慎重にかつ余裕をもった設計をする必要があるということです。

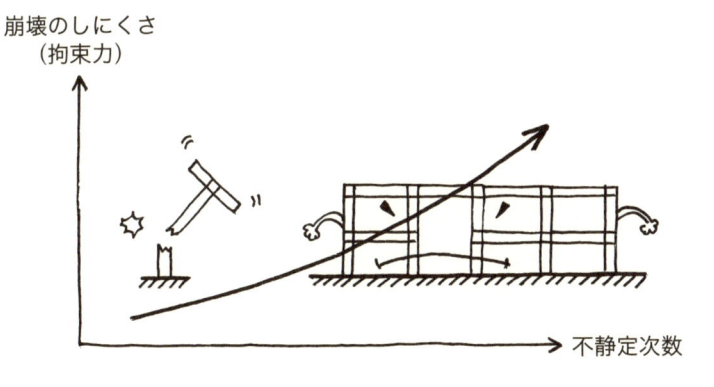

崩壊のしにくさ
（拘束力）

不静定次数

第3節｜断面性能のはなし

１ 材料の定数

　前節では、棒材には材軸方向に軸力が作用し、材軸と直交方向にはせん断力が作用すると述べました。この二つの力について応力とひずみの関係を詳しく解説することにします。

　簡単な例として、部材長 l、辺長 d の棒材に引張力 T が作用する場合を想像してください。棒材は引っ張られた分、その大きさに比例して材軸方向に $\triangle l$ 伸びますが、同時にそれと直交する方向に $\triangle d$ 縮みます。それを図示したものが次の図です。反対に、棒材に圧縮力を加えると材軸方向に縮み、直交方向に伸びることは容易に想像できると思います。

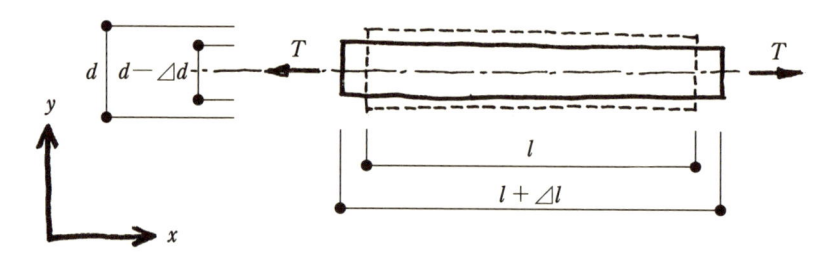

　棒材が均質だとすると、単位長さあたりの伸び量は一様であり、これを「ひずみ度」と呼びます。式で表すと次のように表現されます。

$$\varepsilon_x = \frac{\triangle l}{l}$$

$$\varepsilon_y = \frac{\triangle d}{d}$$

　また、材軸方向のひずみ度に対する直交方向のひずみ度の比を「ポアソン比」と呼び、「ν」（ニュー）で表します。ポアソン比は無次元量であり、コンクリートで約 0.2、鋼材で約 0.3 の値をとります。

$$\nu = \frac{\varepsilon_y}{\varepsilon_x}$$

ひずみ度にはもう一つ、「せん断ひずみ度」と呼ばれるものがあります。微小要素にせん断応力のみが作用する状態を考えたとき、要素は平行四辺形に変形しようとしますが、このときのずれ量で定義します。

$$\gamma = \frac{\varDelta \delta}{\varDelta x}$$

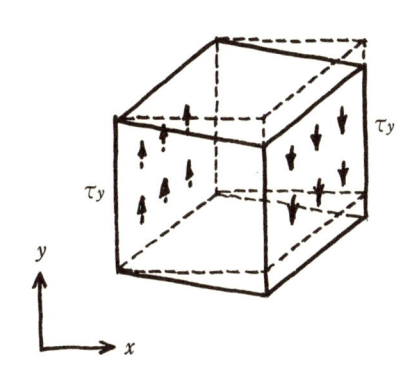
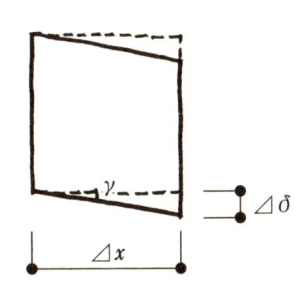

左右側面にせん断応力 τ_y が作用するとき、力のつりあいから大きさが等しく力の方向が反対でなければなりません。また、上下面に作用するせん断応力 τ_x も同じことが言えます。さらにそれらは偶力となってモーメントが生じますが、つりあいから大きさが等しく向きが反対である必要があります。すなわち、$\tau_y = \tau_x$ の関係が成り立ちます。

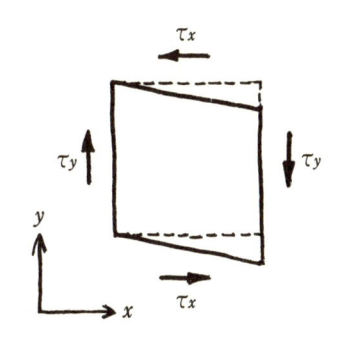

次に、応力とひずみの関係について解説します。一般的には、構造材料に作用する力とそれによって生じる変形には、ある一定限度（弾性限度）まで、次図のようなフックの法則が成り立ちます。

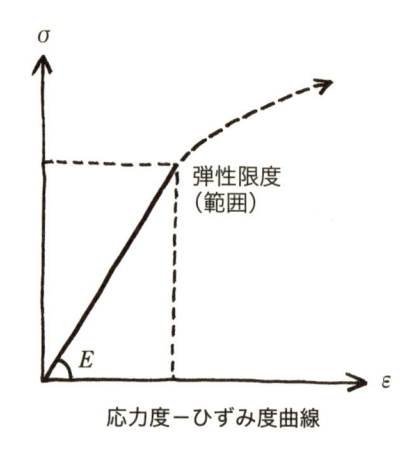

応力度－ひずみ度曲線

この直線の傾きを「ヤング係数（弾性係数）」と呼び、通常「E」で表します。また、式で表すと次のようになります。ヤング係数が大きいと直線が急勾配になり、それだけ変形しにくいということを意味します。

$$E = \frac{\sigma}{\varepsilon}$$

一方、せん断応力度 τ とせん断ひずみ度 γ の比を「せん断弾性係数」と呼び、通常「G」で表します。式で表すと次のようになります。

$$G = \frac{\tau}{\gamma}$$

さらに、せん断弾性係数 G はヤング係数 E とポアソン比 ν を使って次式のように表すことができます。

$$G = \frac{E}{2(1 + \nu)}$$

両者の関係は次のような手順で誘導することができます。次図に示す純せん断が作用する微小要素の変形状態を考えると、要素断面の変形後の対角線の長さは、

$$\overline{\mathrm{A'C'}} = 2 \times \mathrm{A'O} = 2 \times \mathrm{A'B'} \cos\left\{\frac{1}{2} \times \left(\frac{\pi}{2} - \gamma\right)\right\}$$

$$= 2 \times d \cos\left\{\frac{1}{2} \times \left(\frac{\pi}{2} - \gamma\right)\right\}$$

$$= 2 \times d \cos\left(\frac{\pi}{4} - \frac{\gamma}{2}\right)$$

$$= 2 \times d \left(\cos\frac{\pi}{4}\cos\frac{\gamma}{2} + \sin\frac{\pi}{4}\sin\frac{\gamma}{2}\right) (\because 三角関数の公式より)$$

$$= \sqrt{2} \times d \left(\cos\frac{\gamma}{2} + \sin\frac{\gamma}{2}\right) \left(\because \cos\frac{\pi}{4} = \sin\frac{\pi}{4} = \frac{1}{\sqrt{2}}\right)$$

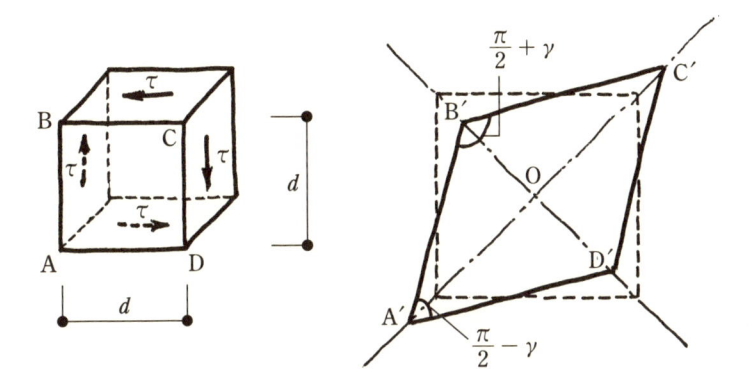

ここで γ が微小であるとみなすと、 $\cos\dfrac{\gamma}{2} \fallingdotseq 1$ 、 $\sin\dfrac{\gamma}{2} \fallingdotseq \dfrac{\gamma}{2}$

$$\therefore \overline{\mathrm{A'C'}} = \sqrt{2} \times d \left(1 + \frac{\gamma}{2}\right) = \overline{\mathrm{AC}}\left(1 + \frac{\gamma}{2}\right)$$

この式より、対角線 AC のひずみ度 ε は第 2 項に相当するから、

$$\varepsilon \fallingdotseq \frac{\gamma}{2}$$

一方、純せん断が作用する状態では、応力度 $\sigma_x = -\sigma_y = \tau$ となるから、2 方向同時に応力が作用する場合、ある方向のひずみ度は直交方向の応力によりポアソン比の分だけひずみ度が加わるので、

$$\varepsilon = \frac{(\sigma_x - \nu\,\sigma_y)}{E} = \frac{(\tau + \nu\,\tau)}{E} = \frac{G\gamma}{E}(1+\nu)$$

$$\therefore \frac{\gamma}{2} = \frac{G\gamma}{E}(1+\nu) \quad \text{より}$$

$$G = \frac{E}{2(1+\nu)}$$

となります。この式からヤング係数とポアソン比がわかるとせん断弾性係数が求められ、この二つの係数（G、E）で応力とひずみの関係が決まることがわかります。

② 断面を語る諸量

断面に関する諸量にはいくつかあり、どれも構造力学を学ぶうえで知っておくべき重要なものです。ここでは、部材が均質材であると仮定し、いくつか紹介します。

(1) 断面積 A

微小要素の断面積を断面全体にわたって集計したものであり、次式のように表すことができます。

$$A = \int_A dA$$

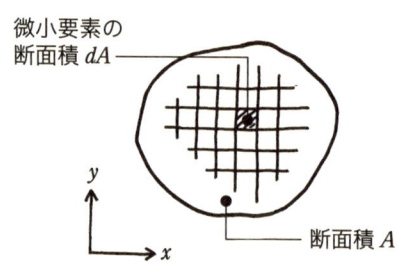

微小要素の
断面積 dA

断面積 A

(2) 断面 1 次モーメント S

微小要素の断面積と任意の基準軸との距離を断面全体にわたって集計したものであり、次式のように表すことができます。

$$S_x = \int_A y\,dA : x \text{ 軸に関する断面 1 次モーメント}$$

$$S_y = \int_A x\,dA : y \text{ 軸に関する断面 1 次モーメント}$$

また、図心（または重心）(G_x, G_y) は次のように定義されます。

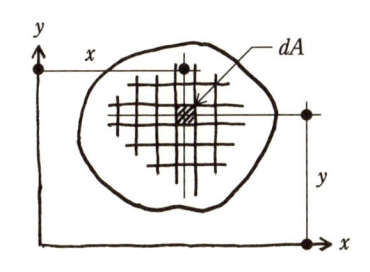

$$G_x = \frac{1}{A}\int_A xdA = \frac{S_y}{A}$$

$$G_y = \frac{1}{A}\int_A ydA = \frac{S_x}{A}$$

この図心位置が $(0, 0)$ にある場合、上の式から明らかに $S_x = S_y = 0$ と言え、図心を通る軸に関する断面1次モーメントはゼロになります。また逆に、断面1次モーメントがゼロになる軸は図心を通ります。

次図に示す長方形断面について簡単な計算例を示しておきますので、断面1次モーメントと図心についての式の意味合いを理解してください。

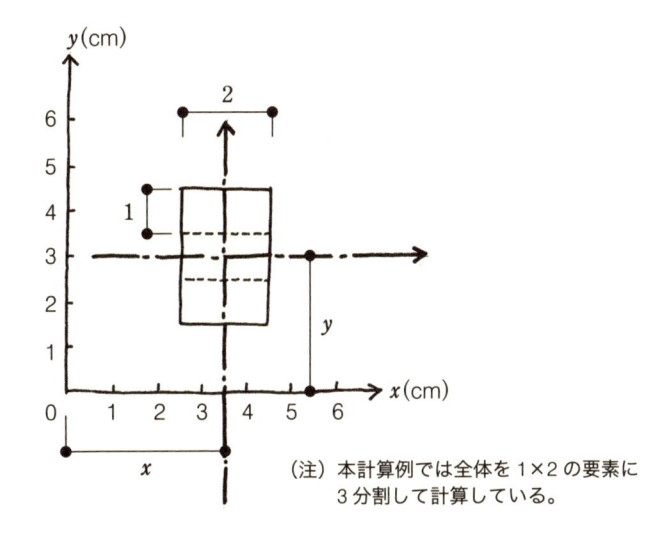

（注）本計算例では全体を1×2の要素に3分割して計算している。

$$S_x = \int_A ydA = (4\times1\times2 + 3\times1\times2 + 2\times1\times2) = 18\text{cm}^3$$

$$S_y = \int_A xdA = (3.5\times1\times2 + 3.5\times1\times2 + 3.5\times1\times2) = 21\text{cm}^3$$

図心の座標を (x, y) とすると、

$$S_x = (4 - y) \times 1 \times 2 + (3 - y) \times 1 \times 2 + (2 - y) \times 1 \times 2 = 18 - 6y = 0$$

$$S_y = 3 \times (3.5 - x) \times 1 \times 2 = 21 - 6x = 0$$

$$\therefore x = 3.5 \qquad y = 3$$

実際には、微小な断面（1×1）に分割してさらに回りくどい計算をする必要はなく、いくつかのまとまった断面に分割して計算します。

では、次のT形断面の図心位置y_0を求めてみましょう。このとき、基準軸（この例ではx軸）を断面の最外縁（上または下）にとると、解が直接得られます。

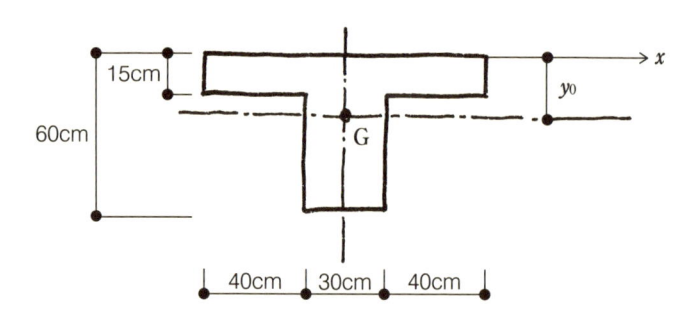

$$A = 2 \times 15 \times 40 + 60 \times 30 = 3000 \ \text{cm}^2$$

$$S_y = 2 \times 15 \times 40 \times \frac{15}{2} + 60 \times 30 \times 30 = 63000 \ \text{cm}^3$$

$$\therefore y_0 = \frac{S_x}{A} = \frac{63000}{3000} = 21 \ \text{cm}$$

（3）断面2次モーメント I

微小要素の断面積と任意の基準軸との距離の2乗を断面全体にわたって集計したものであり、次式で定義されます。

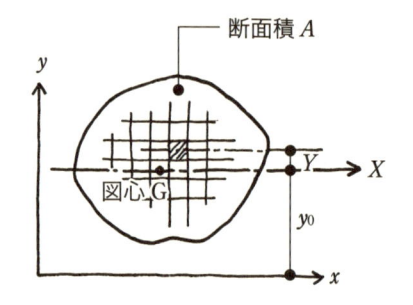

$$I_x = \int_A y^2 dA : x \text{ 軸に関する断面 2 次モーメント}$$

$$I_y = \int_A x^2 dA : y \text{ 軸に関する断面 2 次モーメント}$$

ここで、断面の図心 G を通り、x 軸に平行な X 軸を新たに設け、微小要素と X 軸との距離を Y、x 軸から図心までの距離を y_0 とすると、

$$y = Y + y_0$$

これより、

$$I_x = \int_A (Y + y_0)^2 dA = \int_A (Y^2 + 2Yy_0 + y_0{}^2) dA$$

$$= \int_A Y^2 dA + 2y_0 \int_A Y dA + y_0{}^2 \int_A dA$$

$$= I_X + 2y_0 S_X + y_0{}^2 A$$

すなわち、X 軸が図心を通ることから、$S_X = 0$ より、右辺の第 2 項がゼロとなって次式が導かれます。

$$I_x = I_X + y_0{}^2 A \qquad (\text{同様に} \quad I_y = I_Y + x_0{}^2 A)$$

この式から、次のようなことが言えます。重要な性質なので、この 2 点はよく理解しておいてください。

①ある軸に関する断面 2 次モーメントは、それと平行で断面の図心を通る軸に関する断面 2 次モーメントと断面積に両軸間の距離の 2 乗を乗じたものとの和になる。

②$y_0 = 0$、すなわち図心を通る軸に関する断面 2 次モーメントは最小となる。

（4）断面係数 Z

断面係数は、図心を通る軸に関する断面 2 次モーメント I_X と図心を通る軸から上下の最外縁までの距離 y_u、y_l を用いて、次式で定義されます。

$$Z_u = \frac{I_X}{y_u} \qquad Z_l = \frac{I_X}{y_l}$$

では、x 軸に関する長方形断面の断面 2 次モーメントと断面係数を誘導してみることにしましょう。

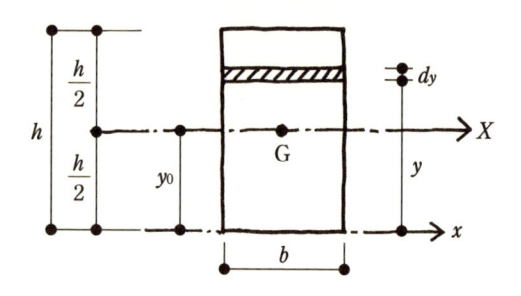

図心を通る軸に関する断面2次モーメント I_X は

$$I_x = \int_A y^2 dA = \int_A y^2 b dy = b \int_A y^2 dy = \frac{bh^3}{3} \quad より$$

$$I_X = I_x - y_0^2 A = \frac{bh^3}{3} - \left(\frac{h}{2}\right)^2 \times bh = \frac{bh^3}{12}$$

また、断面係数は

$$Z_u = Z_l = \frac{bh^3}{12} \times \frac{2}{h} = \frac{bh^2}{6}$$

と求められます。これらの式は頻繁に出てくるので、公式として覚えておくと良いでしょう。

　もう一つ例題として、さきほどのT形断面の断面2次モーメントを求めてみましょう。長方形断面に分割すれば、さきほどの公式を使って簡単に計算することができます。

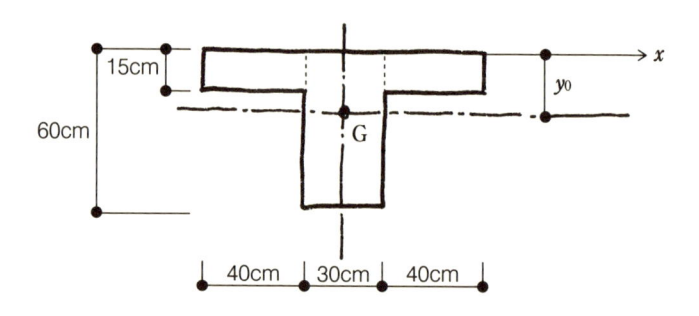

x 軸に関する断面 2 次モーメントは

$$I_x = 2 \times \frac{40 \times 15^3}{3} + \frac{30 \times 60^3}{3} = 2250000 \ \text{cm}^4$$

一方、先の例題で図心と x 軸との距離 y_0 は 21 cm、断面積 A は 3000 cm² と求められているのでこれらを代入すると、

$$I_X = I_x - y_0{}^2 A = 2250000 - 21^2 \times 3000 = 927000 \ \text{cm}^4$$

と求められます。また、断面係数は

$$Z_u = \frac{I_X}{y_u} = \frac{927000}{21} = 44142 \ \text{cm}^3$$

$$Z_l = \frac{I_X}{y_l} = \frac{927000}{39} = 23769 \ \text{cm}^3$$

このほかの断面についても同様にして導くことができますので、自分で計算してみてください。なお、代表的な断面について、断面性能を表す式を参考までに一覧表に示しておきます。

断面形状	断面積 A	断面2次モーメント I	断面係数 Z
（長方形）	bh	$\dfrac{bh^3}{12}$	$\dfrac{bh^2}{6}$
（菱形）	$\dfrac{bh}{2}$	$\dfrac{bh^3}{48}$	$\dfrac{bh^2}{24}$
（円）	πr^2	$\dfrac{\pi r^4}{4}$	$\dfrac{\pi r^3}{4}$
（上下の円、図心、A_0、I_0、h、y_0）	$2A_0$	$2\left\{I_0 + A_0\left(\dfrac{y_0}{2}\right)^2\right\}$ $I_0 \fallingdotseq 0$ の場合 $A_0\dfrac{{y_0}^2}{2}$	$\dfrac{4\left\{I_0 + A_0\left(\dfrac{y_0}{2}\right)^2\right\}}{h}$ $I_0 \fallingdotseq 0$ の場合 $A_0 y_0$

③ 硬い壁、柔らかいブレース

　地震荷重や風荷重など建物に作用する水平荷重に抵抗する部材要素として、鉄筋コンクリート造建物では耐力壁が、また鉄骨造建物ではブレースが挙げられます。応力解析を行う際、耐力壁をブレース置換して解くこともありますが、これまで学んだ知識を利用して耐力壁をブレース置換する方法を導くとともに、実際の建物を例にとって耐力壁とブレースの硬さ比

較をしてみましょう。耐力壁の部材置換にあたっては、両端の柱部材を無視し、壁のせん断剛性成分のみ考慮することにします。

まず、下図に示すスパン l、高さ h の耐力壁に、せん断力 Q が水平方向に作用したときのせん断ひずみを γ、頂部の水平変位を δ_w とすると、応力とひずみの関係から

$$\tan \gamma = \frac{\delta_w}{h}$$

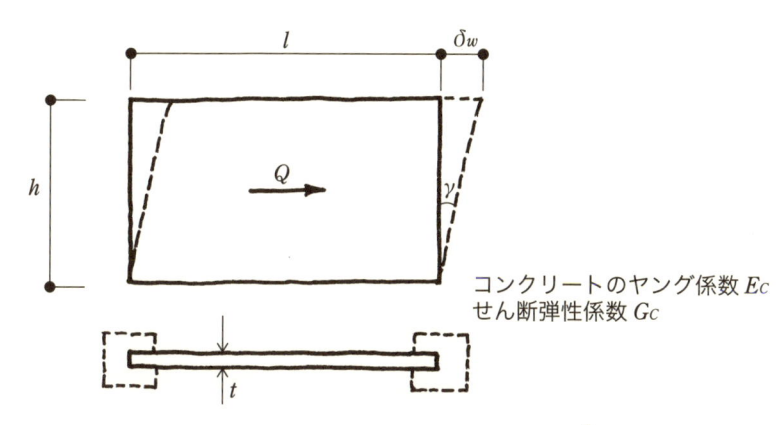

コンクリートのヤング係数 E_c
せん断弾性係数 G_c

γ が微小な範囲では　$\tan \gamma \fallingdotseq \gamma$　となるので、$\gamma = \dfrac{\delta_w}{h}$

一方、せん断応力とせん断ひずみの関係より

$$\gamma = \frac{\tau}{G_C}$$

また、形状係数 κ、せん断剛性低下率 β を無視すると、断面の平均せん断応力度 τ は作用せん断力を断面積で割って求めることができるから、

$$\tau = \frac{Q}{A} 、 A = t \times l \quad より$$

$$\gamma = \frac{Q}{G_C t l}$$

さらに、

$$G_C = \frac{E_C}{2(1+\nu)}$$

$$\therefore \delta_w = \frac{Qh}{G_C t l} = \frac{2(1+\nu)Qh}{E_C t l}$$

　次に、下図に示すスパン l、高さ h の X 形ブレースに、せん断力 Q が水平方向に作用したときのブレースの伸びを $\triangle l$、頂部の水平変位を δ_b とすると、応力とひずみの関係から

$$\tan \theta = \frac{h}{l}$$

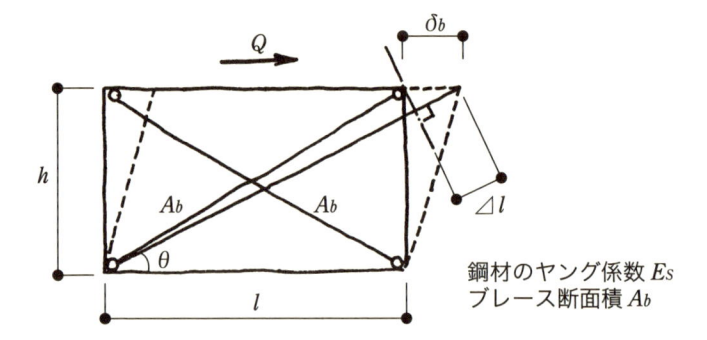

鋼材のヤング係数 E_s
ブレース断面積 A_b

θ が微小な範囲では　$\tan \theta \fallingdotseq \theta$　となるので、$\theta = \dfrac{h}{l}$

一方、応力とひずみの関係と幾何学的な関係　$\delta_b = \dfrac{\triangle l}{\cos \theta}$　より

$$\sigma = E_s \varepsilon = E_s \frac{\triangle l}{\dfrac{l}{\cos \theta}} = E_s \frac{\triangle l \cos \theta}{l} = E_s \frac{\delta_b \cos^2 \theta}{l}$$

また、ブレース 1 本に作用する応力度は

$$\sigma = \frac{\dfrac{Q}{\cos \theta}}{2A_b} = \frac{Q}{2A_b \cos \theta}$$　と表すことができるから、

$$E_S \frac{\delta_b \cos^2 \theta}{l} = \frac{Q}{2A_b \cos \theta}$$

$$\therefore \delta_b = \frac{Ql}{2E_S A_b \cos^3 \theta}$$

両者の水平変位が等しいとおくと、$\delta_w = \delta_b$　より

$$\frac{2(1+\nu)Qh}{E_C tl} = \frac{Ql}{2E_S A_b \cos^3 \theta}$$

$$A_b = \frac{tl}{4(1+\nu)\cos^3 \theta} \cdot \frac{E_C}{E_S} \cdot \frac{l}{h}$$

となり、剛性が等価なブレース断面積が得られます。

今、コンクリートと鋼材のヤング係数の比を $\frac{E_C}{E_S} = \frac{1}{10}$、コンクリートのポアソン比 0.2 とし、フレームのスパン l を 6 m、高さ h を 4 m、ブレース材を H － 250 × 250 × 9 × 14 とすると、部材の断面積が 91.43 cm² より

$$91.43 = \frac{600 \times t}{4(1+0.2)\cos^3 \theta} \cdot \frac{1}{10} \cdot \frac{600}{400}$$

これより、$t = 91.43 \times 4(1+0.2)\left(\frac{3}{\sqrt{13}}\right)^3 \times \frac{1}{600} \cdot \frac{10}{1} \cdot \frac{400}{600} = 2.8$ cm

以上より、鉄筋コンクリート造の耐力壁に換算すると、H － 250 × 250 × 9 × 14 の鋼材でも等価な壁厚はわずか 2.8 cm であり、通常よく用いられる壁厚 15 ～ 18 cm の 1/5 ～ 1/6 程度の剛性にしかならないことがわかります。

学校の校舎の耐震改修などでは、外壁部分に鉄骨ブレースで補強されている事例が多いのですが、それは耐力壁とは異なり、軽いことと剛性が小さいため片側に偏在しても建物全体のねじれに対する影響がほとんどないからです。

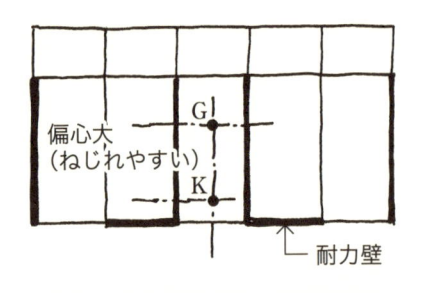
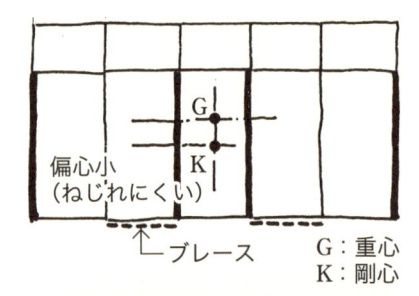

偏心大
（ねじれやすい）

G

K

└─ 耐力壁

偏心小
（ねじれにくい）

G

K

↑─ ブレース

G：重心
K：剛心

④ ねじれに強い材、弱い材

　曲げ応力を扱う場合の諸量として、断面 2 次モーメント I を定義しました。この値が大きいほど変形しにくいことを意味するのですが、部材のヤング係数 E と断面 2 次モーメント I の積 EI を「曲げ剛性」と呼び、部材の曲げにくさを表す指標となります。

　ねじれを扱う場合にも、断面 2 次極モーメント I_p と呼ばれる諸量があります。具体的には、微小要素の断面積と、任意の基準点 O と要素との距離の 2 乗の積を断面全体にわたって集計したものであり、次式で定義されます。

$$I_p = \int_A (dA \times r^2) = \int_A r^2 dA$$

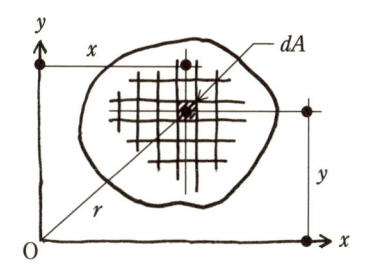

ここで、点 O を「極」と呼びます。点 O を x 軸と y 軸の原点に設定した場合、

$$I_p = \int_A r^2 dA = \int_A (y^2 + x^2) dA = \int_A y^2 dA + \int_A x^2 dA = I_x + I_y$$

となり、断面 2 次極モーメントは原点を極とする任意の直交座標軸に関する断面 2 次モーメントの和になることがわかります。

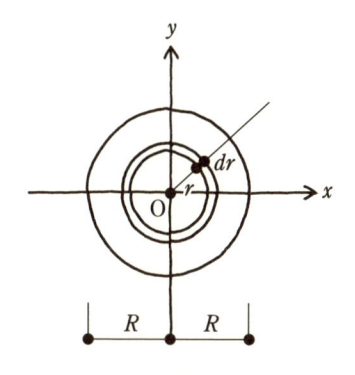

さて、簡単な例題として右図に示す半径 R の密実な円形断面について、円の中心 O を極とする、x 軸に関する断面 2 次極モーメントを求めてみましょう。

半径方向に微小幅 dr をもつ薄いリング状の面積は、扁平な長方形の面積、すなわち円周に微小幅を乗じたものとして表すことができ、

$$I_p = \int_0^R r^2 (2\pi r \times dr) = 2\pi \int_0^R r^3 dr = 2\pi \left[\frac{r^4}{4} \right]_0^R = \frac{\pi R^4}{2}$$

と公式を導くことができます。

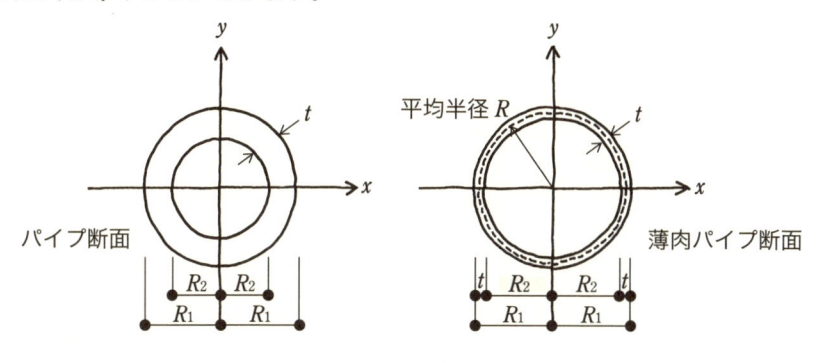

パイプ断面

薄肉パイプ断面

上の式を利用して厚さ t、外径 R_1、内径 R_2 の円形断面の断面極 2 次モーメントを求めると次式のようになります。

$$I_p = \frac{\pi}{2}\left(R_1{}^4 - R_2{}^4\right)$$

さらに、薄肉円形断面の場合は、因数分解を利用すると

$$I_p = \frac{\pi}{2}\left(R_1{}^4 - R_2{}^4\right) = \frac{\pi}{2}\left(R_1 - R_2\right)\left(R_1{}^3 + R_1{}^2 R_2 + R_1 R_2{}^2 + R_2{}^3\right)$$

板厚が薄い場合、平均径 $R \fallingdotseq R_1 \fallingdotseq R_2$ とみなせ、$R_1 - R_2 = t$ を代入すると、

$$I_p = \frac{\pi}{2} \times 4R^3 \times t = 2\pi R^3 t$$

と簡単な式に近似することができます。

　さて、これから本題に入りますが、円形断面にねじりモーメント M_t が作用すると、次の Coulomb の仮定が成立します。これは、回転対称となる断面に対して成り立つもので、長方形断面などのように回転対称でない断面の場合は「そり」が生じます。

　・材軸に直交する断面は変形後も平面を保つ（平面保持の仮定）

　・変形後も材軸が直線を保ったまま回転する

　円形断面にねじりモーメント M_t を作用させたとき、断面は中心 O のまわりにねじり角 $d\theta$ が生じます。

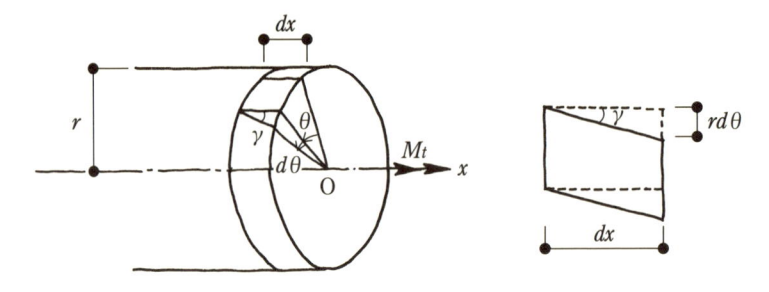

　次に、表面の微小な長方形要素を取り出し、変形後の状態について考え

てみましょう。そのときのせん断ひずみ γ は微小であることから

$$\tan \gamma \fallingdotseq \gamma = \frac{rd\theta}{dx} = r\frac{d\theta}{dx}$$

　一方、せん断ひずみにより生じるせん断応力度 τ は

$$\tau = G\gamma = Gr\frac{d\theta}{dx}$$

となります。この式から、せん断応力度は点 O からの距離 r に比例し、外周部において最大値をとることがわかります。

　ねじりモーメント M_t は、せん断応力度 τ が点 O まわりのモーメントとして作用するため、それらを全断面にわたって足し合わせると、

$$M_t = \int_A \tau\,rdA = \int_A G\frac{d\theta}{dx}r^2 dA = G\frac{d\theta}{dx}\int_A r^2 dA = GI_p\frac{d\theta}{dx}$$

$$\therefore \frac{d\theta}{dx} = \frac{M_t}{GI_p}$$

　さらに、さきほどのせん断応力度の式から

$$\tau = Gr\frac{d\theta}{dx} = \frac{M_t}{I_p}r$$

と整理できます。

　上の式において、$d\theta/dx$ を「ねじり率」、GI_p を「St. Venant（サンブナン）のねじり剛性」と呼びます。

　ここで、参考までに円形の薄肉閉断面と薄肉開断面のねじりモーメントと最大せん断応力度（参考文献2）を示しておきます。薄肉閉断面については、さきほどの

$$I_p = \frac{\pi}{2}\times 2R^2 \times 2R \times t = 2\pi R^3 t$$

より式を導くことができます。薄肉開断面については、長方形断面のねじり角と最大せん断応力度を用いて求めることができますが、式の誘導は本書の取扱う範囲を超えているので他の専門書に譲るとし、結果のみを示します。

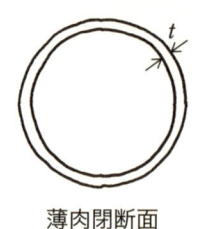
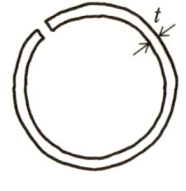

薄肉閉断面　　　　　　薄肉開断面

(1) 薄肉閉断面

$$M_{t1} = GI_{p1} \frac{d\theta}{dx} = 2\pi r^3 t\, G\, \frac{d\theta}{dx}$$

$$\tau_1 = \frac{M_t}{I_{p1}} r = \frac{M_t}{2\pi r^2 t}$$

(2) 薄肉開断面

$$M_{t2} = GI_{p2} \frac{d\theta}{dx} = \frac{2}{3}\pi r\, t^3 G\, \frac{d\theta}{dx}$$

$$\tau_2 = \frac{3}{2} \frac{M_t}{\pi r\, t^2}$$

　ここで、両者の性能比較をしてみることにしましょう。ねじり剛性の比は次のようになります。

$$\frac{GI_{p1}}{GI_{p2}} = \frac{2\pi r^3 t\, G}{\frac{2}{3}\pi r\, t^3 G} = 3\left(\frac{r}{t}\right)^2$$

　また、同じ大きさのねじりモーメントが作用する場合の最大せん断応力度の比は、

$$\frac{\tau_{\max 1}}{\tau_{\max 2}} = \frac{t}{3r} = \frac{1}{3\left(\dfrac{r}{t}\right)}$$

となります。ここで、$r = 10$、$t = 1$ とすると、$r/t = 10$ より、ねじり剛性

比は 300、同じ大きさのねじりモーメントが作用する場合の最大せん断応力度の比は 1/30 になります。このように、閉断面にスリットが入るか入らないかで、ねじり剛性や最大せん断応力度が大きく変わります。

　薄肉と言えども、閉断面は単純ねじりに対して、同じ形状の開断面に比べて著しく高いねじり剛性があることがわかります。ですから、パイプ材をねじろうとしてもびくともせず、反対に軽量溝形鋼のようなものは簡単にねじれてしまうのも納得がいくというものです。

第4節｜応力と変形のはなし

① 大切な応力3姉妹

　これまで、応力家の3姉妹（軸力、曲げモーメント、せん断力）について個々に述べてきました。それぞれ性格がまったく異なりますが、もう少し3姉妹の容姿や性格を把握しておきたいと思います。

N枝　　　M江　　　Q江

応力家の3姉妹

　長方形断面の部材について図心を原点とする軸を設定し、平面保持を仮定すると、軸力が重心に作用する場合の部材軸方向（x方向）のひずみ度と応力度の関係が次式で表されることは、前節で述べました。軸力が作用する場合は、応力度分布は全断面にわたり一様であることがわかります。

$$\sigma = E\varepsilon$$

軸力Nは、各微小断面に作用する軸方向応力度を断面全体にわたって集

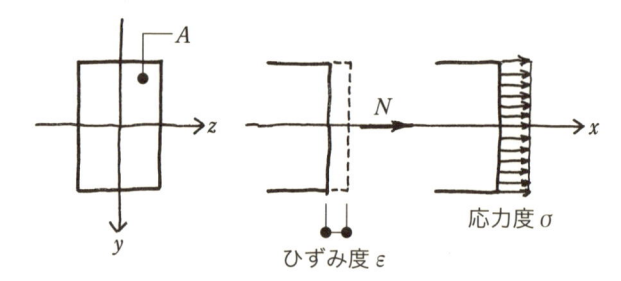

計したものになるので、

$$N = \int \sigma dA = \int E \varepsilon \, dA = \varepsilon \int E dA$$

で求められますが、全断面にわたって均質であると仮定すれば、さらに

$$N = EA \varepsilon$$

と簡略化できます。この EA を軸剛性（伸び剛性）と呼びます。軸力を受けるときの応力度は、

$$\sigma = E \varepsilon = \frac{N}{A}$$

で表されます。

　一方、均質材に曲げモーメントが作用する場合、各微小断面に作用する軸方向応力度に図心位置からの距離を乗じたものを全断面にわたって集計すれば良いので、$\varepsilon = \tan \kappa y \fallingdotseq \kappa y$、$\int y^2 dA = I$ より、

$$M = \int \sigma y \, dA = \int E \varepsilon y \, dA = \kappa \int E y^2 dA = \kappa EI$$

と導くことができます。この κ を曲率、EI を曲げ剛性と呼びます。なお、曲率 κ は曲率半径 r の逆数になります。

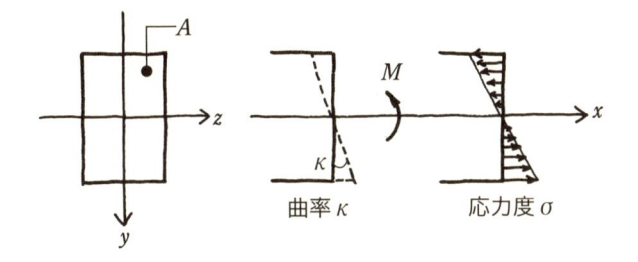

さらに、曲げを受けるときの応力度は

$$\sigma = E \varepsilon = E \kappa y = \frac{M}{I} y$$

と表すことができます。したがって、軸力と曲げモーメントを受ける部材の応力度は、均質材であればヤング係数 E に無関係に決まり、

$$\sigma = \frac{N}{A} + \frac{M}{I}y$$

で表すことができます。この式はこれからも非常によく出てくるので、覚えておいてください。

ところで、軸力と曲げモーメントによる応力度分布を比較すると、前者は全断面にわたって等分布になりますが、後者の場合は断面の外端部で最大となり、図心に向かうほど応力度が小さくなります。

曲げに対する断面効率を考えると、軸力に対しては全断面有効ですが、曲げモーメントに対しては断面中央部が「遊んでいる」状態と言えます。はりせいと断面積を一定とし、断面効率の点から理想断面を考えると、偶力を最大にするためにできるだけ断面を上下端に集中させれば良く、そう考えると次図のようなサンドイッチ断面になります。それにもっとも近いものが鋼材のH形鋼と言えます。弾性域内では、理想形と比較すると曲げに対する断面効率は70％程度に低下しますが、それでも長方形や円形断面に比べると、はるかに効率が良いと想像がつくと思います。もっとも、塑性域においてもこの傾向は変わりませんが、断面の中央部も抵抗するようになるので、効率自体は弾性域に比べると1.5〜2倍程度良くなります。

このように、ふだん当然のように受け入れているH形鋼ですが、あの独特な形状には、「曲げは上下フランジで、せん断はウェブで」といった合理性を有しているのです。

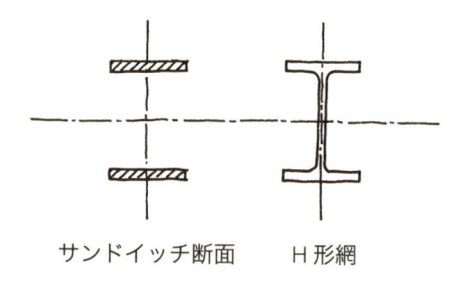

サンドイッチ断面　　H形網

最後に、せん断力の応力度分布について解説します。前節「硬い壁、柔らかいブレース」（76 頁）のところで、$\tau = Q/A$ と説明しましたが、せん断応力が断面内に一様に分布するという意味ではなく、じつは平均値を与えるものです。実際には部材の上下端でゼロとなり、中央部で最大値をとります。それをこれから解説します。

　せん断力と曲げモーメントが微分・積分の関係にあることは、すでに「車の速さと速度は違う」（39 頁）のところで述べました。つまり、モーメント勾配がせん断力を示すことから、せん断力が存在するところでは曲げモーメントの変化があるということになります。

　次図に示す長方形断面部材において、微小幅 dx で切断された斜線部分の材軸方向（x 方向）の力のつりあいを考えます。

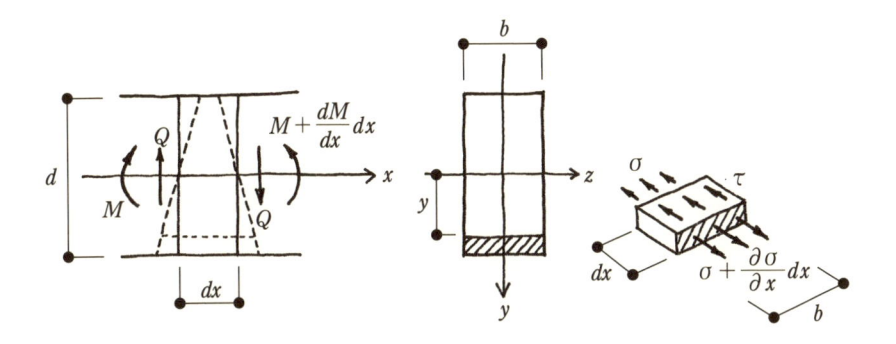

　ここで、せん断応力度が幅 b について一様であると仮定すると、

$$-b\int_y^{\frac{d}{2}} \sigma\, dy - \tau\, bdx + b\int_y^{\frac{d}{2}}\left(\sigma + \frac{\partial \sigma}{\partial x}\, dx\right)dy = 0$$

　一方、$\sigma = \dfrac{M}{I}y$、$\dfrac{dM}{dx} = Q$ より、

$$\frac{\partial \sigma}{\partial x} = \frac{y}{I}\frac{dM}{dx} = \frac{y}{I}Q$$

　したがって、

$$-b\int_y^{\frac{d}{2}} \sigma\, dy - \tau\, bdx + b\int_y^{\frac{d}{2}}\left(\sigma + \frac{y}{I}\, Q\, dx\right)dy = 0$$

$$\therefore -\tau\, bdx + b\int_y^{\frac{d}{2}}\frac{y}{I}\, Qdxdy = 0$$

$$\therefore \tau = \int_y^{\frac{d}{2}}\frac{y}{I\,b}\, Qbdy = \frac{Q}{I\,b}\int_y^{\frac{d}{2}} ybdy = \frac{Q}{I\,b}\, S(y)$$

ここで、τ は材軸に平行な断面上のせん断応力度を表し、z 軸に関する $S(y)$ は $y = y$ より外側の断面1次モーメントを意味します。

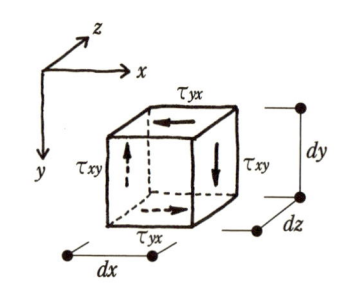

これと直交する部材断面内のせん断応力度は、微小な辺 dx、dy、dz をもつ立方体を取り出すと、z 軸まわりの回転のつりあいから

$$\tau_{xy}(dydz)dx - \tau_{yx}(dxdz)dy = 0$$

$$\therefore \tau_{xy} = \tau_{yx}$$

すなわち、直交方向のせん断応力度は等しいということがわかります。そうすると、長方形断面の面内せん断応力度の分布は

$$\tau = \frac{Q}{I\,b}\int_y^{\frac{d}{2}} ybdy = \frac{12Q}{bd^3}\left\{\left(\frac{d}{2}\right)^2 - \left(\frac{y}{2}\right)^2\right\}$$

$$= \frac{3}{2}\left\{1 - \left(\frac{2y}{d}\right)^2\right\}\frac{Q}{bd} = \frac{3}{2}\left\{1 - \left(\frac{2y}{d}\right)^2\right\}\frac{Q}{A}$$

となります。したがって、上の式で $y = 0$、すなわち図心位置で τ は最大値をとることがわかります。また、断面の上下端、すなわち $y = d/2$ では、τ の値はゼロとなります。その分布は次図のように描けます。

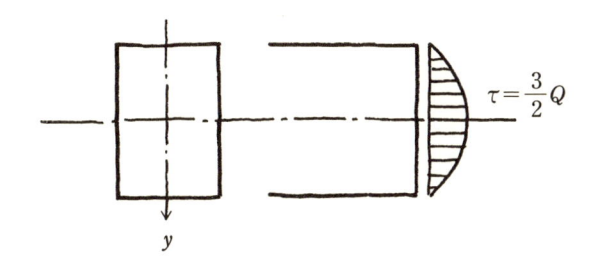

$$\tau = \frac{3}{2}Q$$

これと同様に、円形断面についても最大せん断応力度を求めると次のようになります。

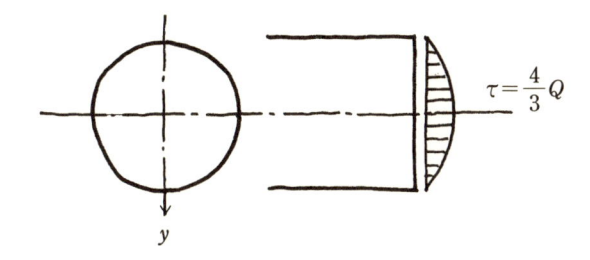

$$\tau = \frac{4}{3}Q$$

ここでは結果だけを示しておきますが、$y = 0$、すなわち図心位置でτは最大値 4/3 をとります。また、断面の外端、すなわち$y = r$ではτの値はゼロをとります。

$$\tau = \frac{4}{3}\left\{1 - \left(\frac{y}{r}\right)^2\right\}\frac{Q}{A}$$

そう難しくないので、興味のある方は式の誘導にチャレンジしてみてください。

2 基礎が転倒する条件を求めてみよう

　前項「大切な応力3姉妹」では軸力と曲げモーメントが同時に作用する場合の棒材の垂直応力度の分布について解説しました。ここでは、それを利用して建物の基礎としてよく用いられている直接基礎の転倒条件を調べてみることにしましょう。

　直接基礎フーチングに軸力 N と曲げモーメント M が作用するものとします。

　ここで、偏心 $e = \dfrac{M}{N}$ とおくと、

軸力 $\qquad\qquad N$

曲げモーメント $\qquad M = N \times e$

より、軸力 N と曲げモーメント M が作用する応力分布と等価になります。

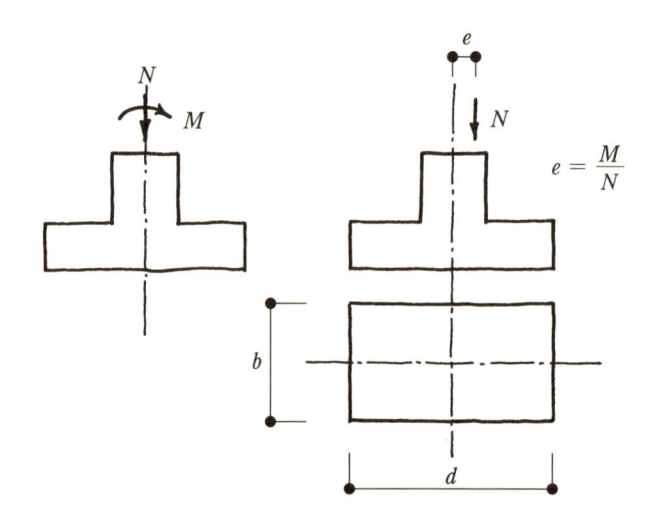

　ここで、基礎形状を幅 b、せい d の長方形断面とすると、中立軸が断面内にある場合、すなわち $|e| < d/6$ の場合、基礎の最大接地圧は次式で表されます。

$$\sigma_{max} = \frac{N}{A} + \frac{M}{Z} = \frac{N}{bd}\left(1 + \frac{6e}{d}\right)$$

また、$e = d/6$の場合、中立軸は断面の最外縁にあり、

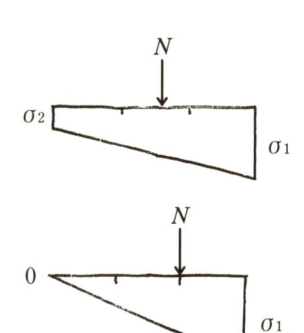

$$\sigma_1 = \frac{2N}{bd} \qquad \sigma_2 = 0$$

となります。さらに偏心が大きくなると、前項の式では基礎の一部に引張応力が生じ始めますが、基礎の場合は地盤から浮き上がることになるので、引張応力は生じません。このとき、鉛直方向のつり合いから、軸力Nと基礎が地盤から受ける地反力（三角形分布）の合力位置が一致します。すなわち、地反力を受ける基礎の範囲d_0と応力度はσ_1は、

$$d_0 = 3\left(\frac{d}{2} - e\right)$$

$$\sigma_1 = \frac{2}{b} \cdot \frac{N}{3\left(\frac{d}{2} - e\right)}$$

となります。

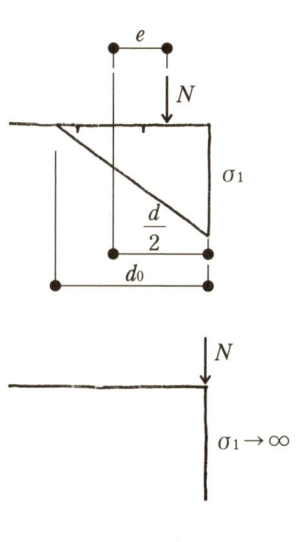

やがて、$e = d/2$になった時、σ_1が無限大になって基礎がいわゆるつま先立ち状態になります。そして、$e > d/2$になると基礎は転倒します。基礎は地盤から引張力を受けないというところが一般部材の応力分布と異なる点ですが、それさえ理解できればこのように簡単に数式を導くことができます。

③ 変形を頭に思い描く

みなさんはいろいろなモノをつかんだりねじったりし、そのたびにモノが変形したり、場合によっては壊れたりするさまを見てきたと思います。

ですから、定量的な値まではわからなくとも、感覚的にこう変形するだろうなという予測はつくと思います。ここではこれまでの多くの経験を活かしながら変形図を描いてみましょう。

まず、両端で単純支持された薄い木製の板の中央に人が乗った場合をイメージしてみてください。すると、どれだけ変形するかわからないが、板は人の重みで下方に湾曲するという理解さえできれば、次のようなスケッチが描けると思います。

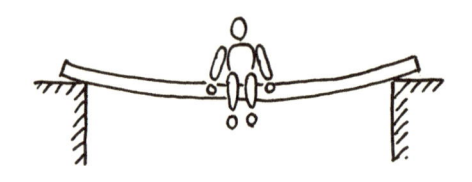

次に、両端固定された場合はどうでしょうか。端部が板の回転を完全に拘束しているので、板は直角単純支持された場合よりも変形量が小さくなることが容易に予測できます。すると、次図のように描けます。

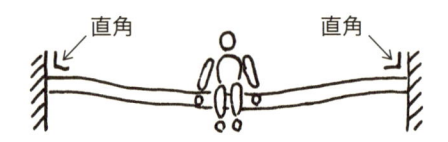

では、次図に示すような門型フレームに鉛直、水平方向にそれぞれ等分布荷重 w、集中荷重 P が作用する場合の変形図を描いてみることにしましょう。

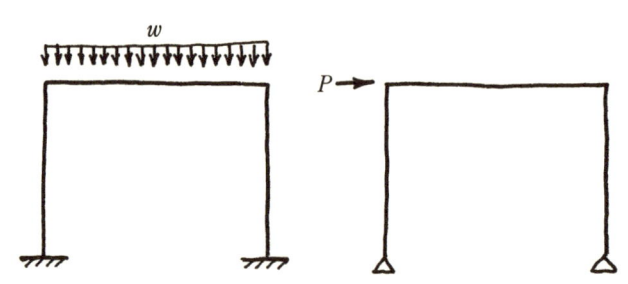

理屈ではなく、これまでの経験をフルに活用させて変形を頭に思い描くことが重要です。荷重の作用方向に対して部材がどちら側に変形するかを考え、部材同士の剛接合部が直角を保つように部材の変形を描いていけば、次のような変形図が描けると思います。

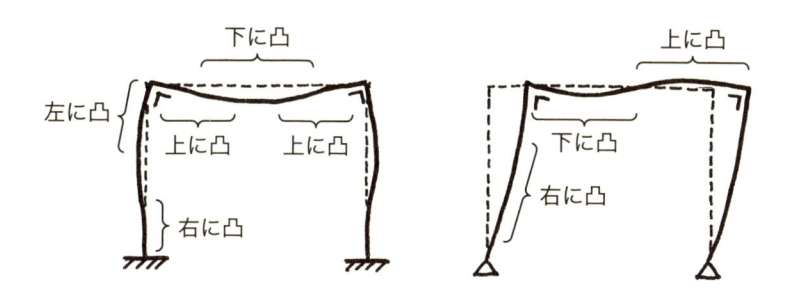

　このように、変形図を描くコツさえつかめば、少々複雑な架構であっても変形図を描くことができます。

　さて、これまで出てきた軸力 N、曲げモーメント M、そしてせん断力 Q には、正負の付け方のルールがあります。その定義を次頁の表に示します。ただし、曲げモーメント図については正負を表示することにさほど意味はありません。

　変形図が描けると曲げモーメント図が描けてしまいます。先の架構の曲げモーメント図とせん断力図を示すと、次頁のようになります。まず、曲げモーメント図と変形図をよく見比べてください。あることに気がつくと思います。それは、部材の変形が凸になる側、すなわち部材外端が引っ張られて伸びる側に曲げモーメントを描けば良いということです。機械的に暗記しても意味がなく、むしろこうして覚えておいたほうが、応力と変形の関係を直感で理解しやすくなります。

	正（＋）	負（－）
軸力 N	引張力	圧縮力
曲げモーメント M	（部材下端が引張）	（部材上端が引張）
せん断力 Q	偶力が時計回り	偶力が反時計回り

　なお、本書では応力図においてせん断力（軸力）の正負について、フレームの内側を正側として描くことにします。

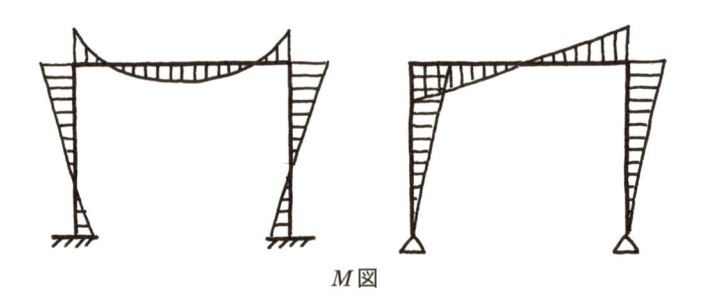

M 図

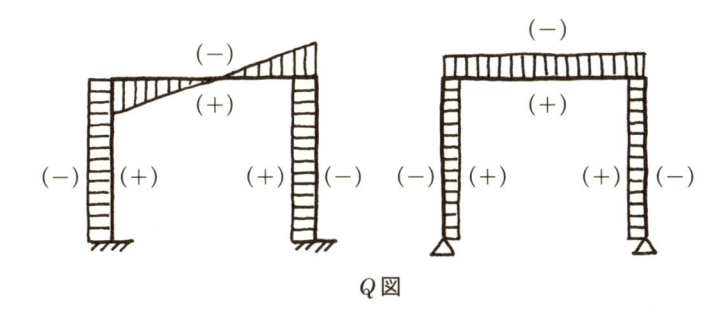

Q 図

ところで、第1節の「車の速さと速度は違う」(39頁) では、曲げモーメント、せん断力、荷重の関係が微分・積分の関係にあることを述べました。

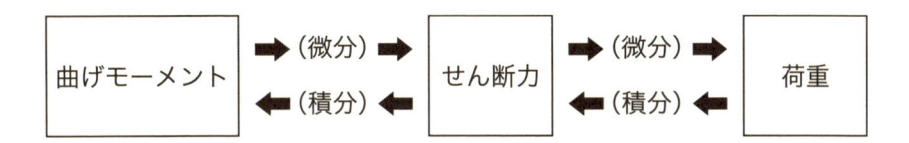

上の応力図について、これらの関係を一覧表に整理すると次のようになります。

荷重、せん断力、曲げモーメントの関係

	はり	柱
荷重	一定（等分布）	―
せん断力	1次直線分布	一定
曲げモーメント図	2次曲線分布	1次直線分布

集中荷重がある部材に作用する場合は、その作用点の前後でせん断力分布が不連続になるだけで、分布形が変わることはありません。したがって、この関係を理解しておけば頭の中に応力図が描けてしまいます。応力の求め方は3章以降で詳しく解説するので、ここでは分布形が示す工学的な意味と描き方のルールをまず理解しておきましょう。

④ 応力は部材を切り取って求める

　前項では変形状態を頭に思い浮かべることにより、おおよその曲げモーメント図を描くことができることを解説しました。本項では、いくつかの簡単な例題について応力の大きさを求め、正確な応力図を描くことにしましょう。応力図を描くと言っても、すべての点についての応力を求める必要はなく、荷重作用点と各支点における応力値を求め、あとはそれらを直線または2次曲線で結んでやれば良いだけです。モデルによっては、計算に少々時間を要するかもわかりませんが、静定構造物ならつりあい式をもとに地道に解いていくだけですので、あと必要なのはみなさんのやる気のみと言えるでしょう。

計算例

　次図に示す単純ばりのせん断力図と曲げモーメント図を描きなさい。

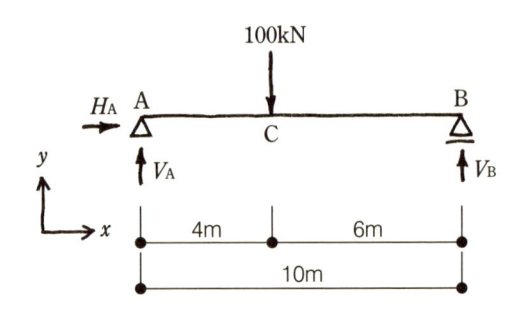

　上図で未知数の反力を V_A、V_B とおくと、x、y 方向のつりあいから

　　$V_A + V_B = 100$

$H_A = 0\,\text{kN}$

また、支点 A まわりの回転のつりあいから

$100 \times 4 - V_B \times 10 = 0 \qquad \therefore V_B = 40\,\text{kN}$

これを先の式に代入すると、

$V_A + 40 = 100$

$\therefore V_A = 60\,\text{kN}$

こうして支点反力が求められたところで、A-C 間において部材の一部を切り出し、y 方向のつりあい条件を考えます。

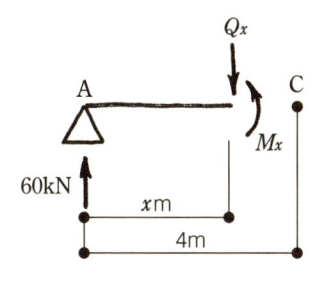

$Q_x = 60\,\text{kN}$

また、支点 A まわりの回転のつりあいから

$Q_x \times x - M_x = 0 \qquad \therefore M_x = 60 \times x$

荷重作用点 C における曲げモーメントは、$x = 4\,\text{m}$ を代入して

$M_x = 240\,\text{kNm}$

と求めることができます。支点 A、B はそれぞれピン、ローラーであるので曲げモーメントは生じずゼロとなります。さらに、せん断力は荷重作用点 C で不連続となり、A-C 間、C-B 間で一定となるので、曲げモーメント分布は直線分布となります。したがって、応力図をそれぞれ次図のように描くことができます。

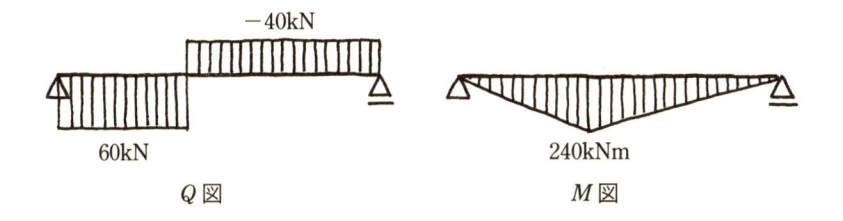

上の例題は少しシンプルすぎたので、もう少し複雑なモデルで応力図を描くことにしましょう。考え方はまったく同様です。

次図に示す片持ばりのせん断力図と曲げモーメント図を描きなさい。

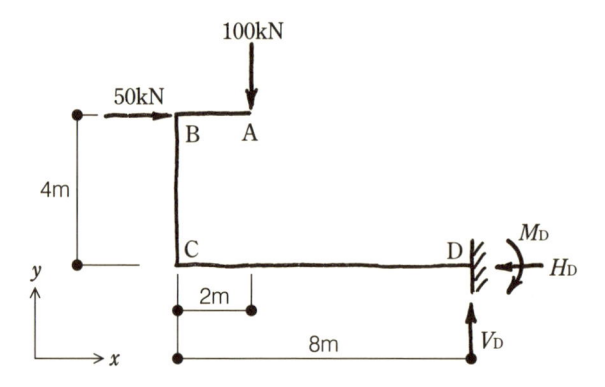

上図で未知数の反力を V_D、H_D、M_D とおくと、x、y 方向のつりあいから

$$V_D = 100\,\text{kN}$$

$$H_D = 50\,\text{kN}$$

また、回転のつりあいについては、点 D まわりのつりあいを考えると、未知数 V_D、H_D の項が消えるので、直接 M_D を求めることができます。

$$M_D + 50 \times 4 - 100 \times (8 - 2) = 0 \qquad \therefore M_D = 400\,\text{kNm}$$

さて、片持ちばりを解く場合は自由端から応力をおさえていくと簡単です。節点 B におけるつりあい条件を考えます。

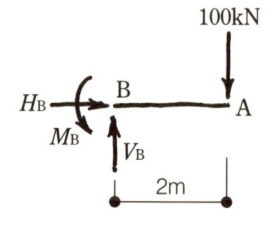

X 方向 $\qquad H_B = 0\,\text{kN}$

Y 方向 $\qquad V_B = 100\,\text{kN}$

点 B まわりの回転 $\qquad -M_B + 100 \times 2 = 0$

$$\therefore M_B = 200\,\text{kNm}$$

求めた結果が負の値になる場合は、仮定した反力の向きと逆方向に作用すると考えてください。

上で得られた点 B の反力をもとに、今度は B-C 部材を切り出してつりあい式を立てます。節点 B において、部材 AB と部材 BC の応力は互いにつりあっているので、次図のように点 C における応力を仮定して求めます。

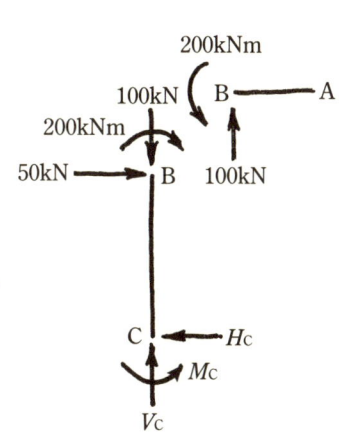

X 方向　　$H_C = Q_C = 50\,\text{kN}$

Y 方向　　$V_C = 100\,\text{kN}$

点 C まわりの回転

$-M_C + 50 \times 4 + 200 = 0$

$M_B = 400\,\text{kNm}$

　固定端の反力が先に求められているので、これらの結果を応力図で表すと次図のようになります。

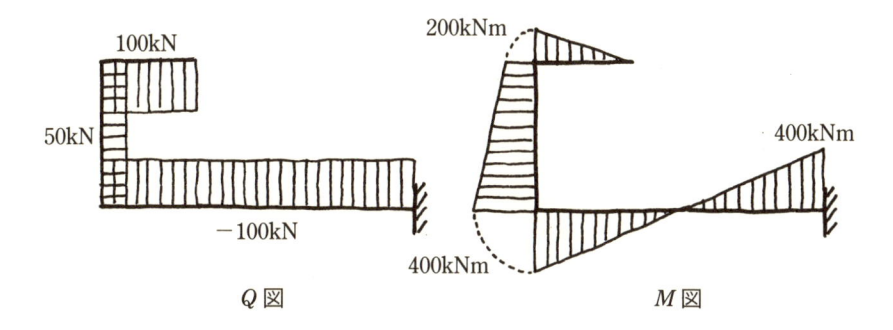

Q図　　　　　　　　　　　　　M図

　この応力図から、点 C、D における曲げモーメントの和を部材長 8m で割って、C-D 間の曲げモーメントの変化率を求めてみると、

$$\frac{-400-400}{8} = -100\,\text{kN}$$

となりますが、これが部材 C-D 間のせん断力－100 kN になっていることがわかるかと思います。

⑤ いくらたわむ？

　ここでは、たわみの弾性曲線式を使ってはりのたわみ式を求めてみましょう。基本曲線式は次式で与えられます。

$$\frac{d^2y}{dx^2} = -\frac{M}{EI}$$

式の誘導などの詳細は、第3章1節の「高校物理の知識（微分方程式）を使って解く方法」（141頁）のところで解説しているので、まずはそちらを参照してください。

次に図のような単純ばりの中央に集中荷重 P が作用する場合の作用点のたわみを求めます。この例では左右対称なので、$0 \leqq x \leqq l/2$ の範囲で考えると計算が楽になります。

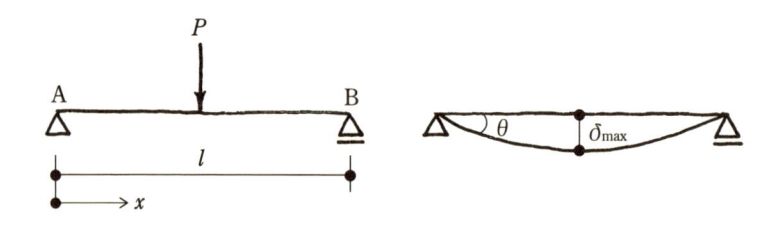

応力図は、次のようになります。

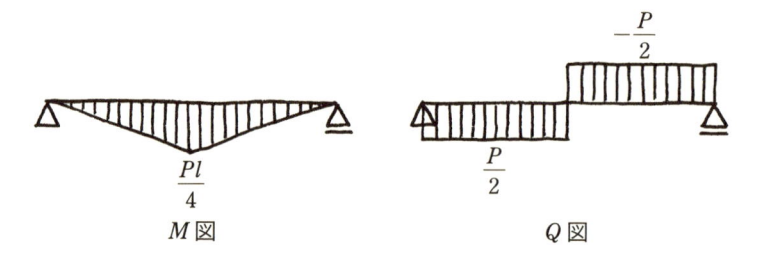

A端から x における曲げモーメントを x の関数で表すと、$Q = P/2$ より

$$M = \frac{P}{2}x \quad \left(0 \leqq x \leqq \frac{l}{2}\right)$$

$$\therefore \frac{d^2y}{dx^2} = -\frac{M}{EI} = -\frac{P}{2EI}x$$

本来は全長にわたって積分する必要があるが、左右対称であるのでこれを2倍して積分すると、

たわみ角 　$\dfrac{dy}{dx} = 2 \times \left(-\dfrac{P}{2EI}\dfrac{x^2}{2} + C_1 \right) = -\dfrac{P}{2EI}x^2 + 2C_1$

さらにもう 1 回積分すると、

たわみ 　$y = -\dfrac{P}{6EI}x^3 + 2C_1x + C_2$

ここで、$x = 0$ および $x = l$ のとき、たわみがゼロであることから

$$C_2 = 0 \qquad C_1 = \dfrac{Pl^2}{12EI}$$

したがって、

はり中央における最大たわみは $x = l/2$ より

$$y = -\dfrac{Pl^3}{48EI} + \dfrac{Pl^3}{24EI} = \dfrac{Pl^3}{48EI}$$

と求めることができます。

　もう一例、次図のような単純ばりの中央に等分布荷重 w が作用する場合の作用点のたわみを求めてみましょう。

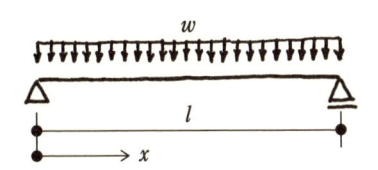

応力図は、次のようになります。

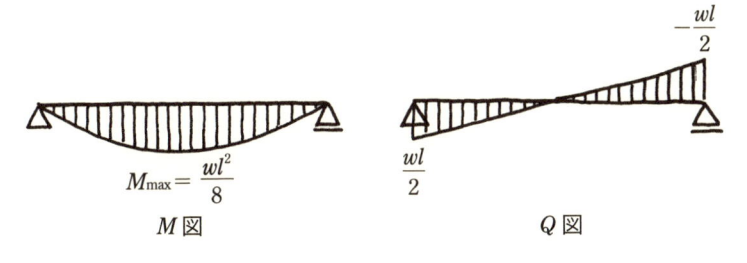

A 端から x における曲げモーメントを x の関数で表すと、

$$Q = \frac{wl}{2} - wx \text{ より}$$

$$M = \frac{wl}{2}x - \frac{w}{2}x^2$$

$$\therefore \frac{d^2y}{dx^2} = -\frac{M}{EI} = -\frac{wl}{2EI}x + \frac{w}{2EI}x^2$$

したがって、

$$\frac{dy}{dx} = -\frac{w}{4EI}x^2 + \frac{w}{6EI}x^3 + C_1$$

さらにもう 1 回積分すると、

$$y = -\frac{wl}{12EI}x^3 + \frac{w}{24EI}x^4 + C_1 x + C_2$$

ここで、$x = 0$ および $x = l$ のとき、たわみがゼロであることから

$$C_2 = 0 \qquad C_1 = \frac{wl^3}{24EI}$$

したがって、

はり中央における最大たわみは $x = l/2$ より

$$y = -\frac{wl^4}{96EI} + \frac{wl^4}{384EI} + \frac{wl^4}{48EI} = \frac{5wl^4}{384EI}$$

と求めることができます。

　このようにせん断力やモーメントを x の関数で表すことができれば、直接積分することによってたわみを求めることができます。例題に示したたわみの式はいずれも基本的なものなので、この程度は暗記しておくと良いと思います。

⑥ 飛込のはなし

　オリンピックの競技種目にもなっている飛込は、ある一定高さの飛び込み台から空中に飛び出し、着水までの2秒足らずの間に繰り出される一連の技を競う競技です。飛込に使用される「飛板」はスプリングボードとも呼ばれ、弾力性に富んだジュラルミン製の板が採用されています。

飛板（写真手前）

　飛板には、支点を移動させることができる「ローラー」と呼ばれる台がついていて、ダイバーたちは飛び込み時、自分に合うように飛板の剛性を調整します。構造力学的に解釈すると、次図に示すような片持ちばりを含む2連ばりで表すことができます。ローラーを前後にずらすことにより、片持ち部分のスパンl_1の長さが変わります。

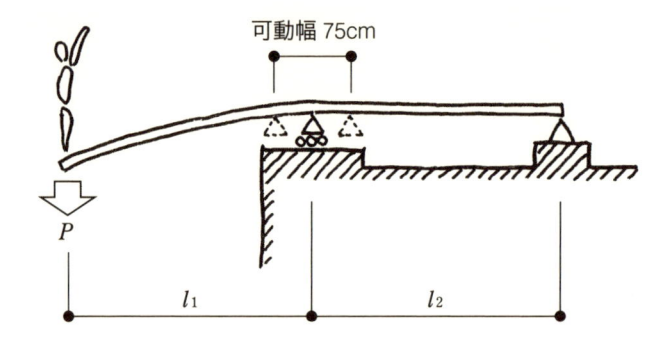

さらに単純化して飛板の自重を無視し、先端に集中荷重Pが作用するスパン$l\,(=l_1)$の片持ちばりについて考えると、荷重や部材断面が一定であれば先端のたわみの大きさはスパンの3乗に比例します。

$$\delta = \frac{P\,l^3}{3\,EI}$$

このとき、片持ちばりの鉛直方向の剛性（ばね定数）をkとおくと、力と変位の基本式$P=k\delta$から

$$k = \frac{P}{\delta} = \frac{3\,EI}{l^3}$$

と求めることができます。

また、先端に質量mが作用する片持ちばりの1次固有振動数をfとおくと、1自由度系の振動方程式から次式が得られます。

$$f = \frac{1}{2\pi}\sqrt{\frac{k}{m}}$$

この式に、さきほどのkを代入すると、

$$f = \frac{1}{2\pi}\sqrt{\frac{3\,EI}{m\,l^3}}$$

となり、片持ちばりの固有振動数はスパンの3/2乗に反比例することがわかります。

たとえば、スパンl_1が300 cmの片持ち形式の飛板について、前後にロー

ラーを±35cm調節することによるたわみと固有振動数の変動幅を計算すると、

たわみの最大最小比 $\dfrac{\delta_{\max}}{\delta_{\min}} = \left(\dfrac{335}{265}\right)^3 = 2.0$

固有振動数の最大最小比 $\dfrac{f_{\max}}{f_{\min}} = \left(\dfrac{335}{265}\right)^{\frac{3}{2}} = 1.4$

程度の調整幅ができるということになります。

　感覚的にもわかるように、飛板はスパンが大きいほど柔らかく大きくしなります。したがって、その反発力をうまく利用すればより高く飛び上がることができますが、同時にそれだけ難易度も上がり高度な技術が必要になります。いかにこのしなりを味方につけるかが競技のポイントになると思いますが、たまにはこのように構造力学の視点から競技を観察するのも、新しい発見があったりして良いのではないでしょうか。

　さて、さきほどの先端に集中荷重 P が作用する片持ちばりのたわみ式ですが、たわみの大きさは曲げ剛性 EI に依存する式になっています。ところが、せん断応力が作用するところではせん断ひずみが生じているはずで、実際には曲げによるたわみとせん断によるたわみの和（参考文献3）になります。

$$\delta = \frac{P l^3}{3EI} + \kappa \frac{P l}{GA}$$

　ここで、片持ちばりのスパンを l、長方形断面ばりの幅を b、せいを d とすると、さきほどのたわみ式は

$$G = \frac{E}{2(1+\nu)}、\quad A = bd 、\quad I = \frac{bd^3}{12} \ \text{より}$$

$$\delta = \frac{P l^3}{3EI}\left\{1 + \frac{\kappa}{2}(1+\nu)\left(\frac{d}{l}\right)^2\right\}$$

と変形できます。鉄筋コンクリート造の長方形断面の場合、せん断変形の係数 $\kappa = 1.2$、ポアソン比 0.2 としてこれらを代入すると、

$$\delta = \frac{P l^3}{3EI}\left\{1 + \frac{\kappa}{2}(1+\nu)\left(\frac{d}{l}\right)^2\right\} = \frac{P l^3}{3EI}\left\{1 + 0.72\left(\frac{d}{l}\right)^2\right\}$$

と整理できます。

　この式を使ってパラメトリックスタディをしてみましょう。横軸にスパンとはりせいの比（l/d）、縦軸に曲げ変形が占める比率をとると、次のようなグラフが描けます。

　上の式の｛　｝内の第1項は曲げ成分、第2項はせん断成分を表しますが、スパンとはりせいが等しい場合、曲げ変形とせん断変形の割合は1：0.72 となります。一方、両者が等しくなる場合のスパン比を求めると、

$$\left(\frac{d}{l}\right)^2 = \frac{1}{0.72} \ \text{より}$$

$$\frac{d}{l} = 1.18 \qquad \therefore l = 0.85\,d$$

　すなわち、スパンがはりせいよりやや短い場合に曲げ変形とせん断変形が等しくなると言えます。これを境に、スパン比によって曲げ変形またはせん断変形が急に卓越するようになります。

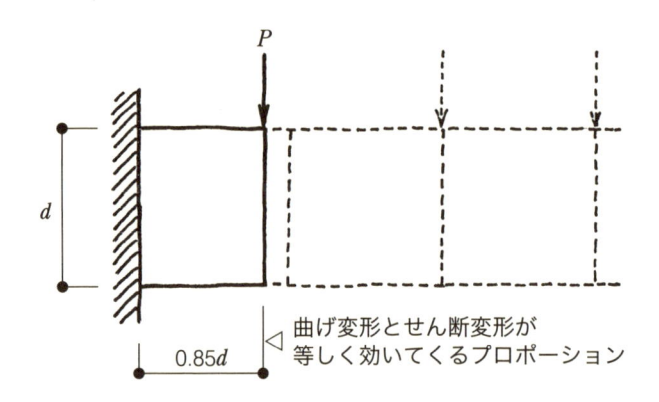

曲げ変形とせん断変形が
等しく効いてくるプロポーション

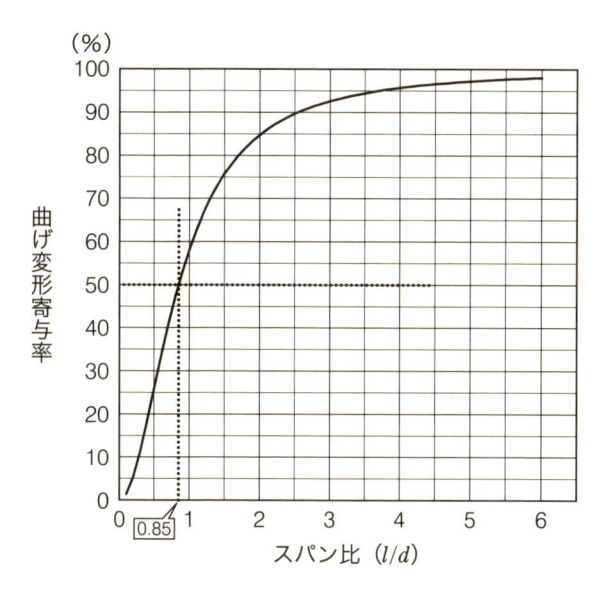

曲げ変形寄与率とスパン比（l/d）との関係

　以上より、はりのたわみ式が通常、曲げ変形だけの式で表されているのは、以下の理由からだということが理解できると思います。

①一般的な断面のプロポーションとして、スパンとはりせいの比は十分大きい。

②たわみの大きさはスパンの3〜4乗に比例するので、はりせいを一定とした場合、変形が問題になるのはスパンが大きい場合に限られる。

③同様に、せん断変形が卓越するようなスパンが短い範囲では、絶対量そのものが小さく変形が問題にならない。

1/20 の世界

　わが家には小型犬が2匹いる。人間の年齢で言えば66歳と70歳の前期高齢者である。いつの間にか目上と目下の関係が逆転してしまったが、イヌには老化の自覚がないそうだ。だから、散歩の際にも休憩したり抱っこしたり、飼い主の気遣いがいっそう必要になる。

　イヌの1年が人間の7年に相当することに例えて、IT 情報技術分野を中心とした技術革新の速さを「ドッグイヤー」と呼んでいる。スマホの普及もめざましいが、一方で「歩きスマホ」が社会問題となっている。

　愛知工科大学の小塚一宏教授の研究（参考文献4）によれば、歩きスマホの視界は通常歩行時に比べて約1/20になるそうである。人が1.5mまで近づくと初めてその存在に気づく。歩きスマホの1500人が渋谷のスクランブル交差点を一斉に渡るシミュレーション結果（参考文献5）によると、衝突446件、転倒103件、スマホ落下21件で、青信号の間に無事渡れたのが547人だったと報告されている。

　通常なら何の困難も伴わない行動を視野の狭さが阻害していることは間違いないが、これと同じことが建築設計の世界でも起きているように思う。PC のモニタに向かって計算やCAD に夢中になるあまり、ちょっと考えればおかしいとわかることでも気づかなくなる。まさに傍目八目である。自分の直感と合っているか、材料の調達、製作、運搬、施工は可能か、コストはおさまりそうか、などとつねに反復しながら計算を進めればあとで問題になることもない。

　コンピュータは指示したことを正確に処理してくれるが、現状では人間のように気遣いまでしてくれない。モニタから視線をはずさなければ、視野はあいかわらず1/20のままである。視野が狭くては、建築設計という名の交差点は渡れない。

第 **3** 章

静定構造

第1節 │ 軸力を受ける部材

① 三角形と四角形、どちらが強い？

　次図のような四角形と三角形のフレームを作り、指で水平に押すと、四角形のフレームのほうが簡単に変形すると想像がつくと思います。

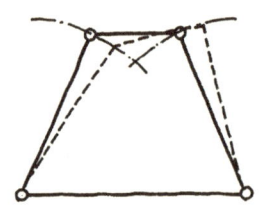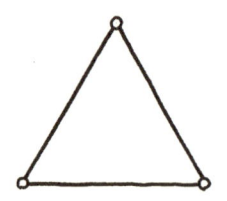

　ところが、四角形のフレームに斜材を追加して三角形の要素に分割すると、剛性が増して変形しにくくなります。多角形でも同様で、三角形は力学的に安定した形状であることをみなさんは経験的に学習しています。

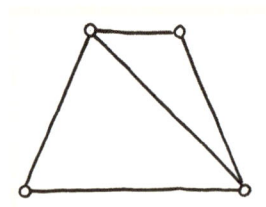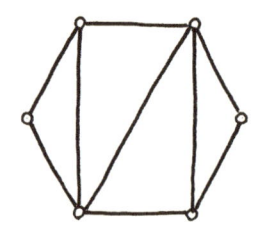

　この性質を応用した事例は多く、観覧車やクレーン、鉄道橋、大スパン屋根など、至るところに使われています。

三角形要素の採用事例

② 経験だけでとらえる力の流れ

　トラス（truss）は、各節点をピン接合した三角形をユニットとする集合体で、外力が節点のみに作用する場合は各部材には軸力しか発生せず、曲げ部材とは異なり応力に対する断面効率が良くなります。したがって、その特徴は木材や鋼材でトラスを組むと自重の割に強度が高く、軽快に大空間を覆うことができる点と言えます。

　トラスの組み方にはいろいろあり、代表的な平面トラスを以下に示します。

ワーレントラス
斜材の向きを交互にしたもの
束材が不要となる

プラットトラス
「逆ハの字」に斜材を配置したもの
鉛直荷重に対して斜材に引張力が
作用する

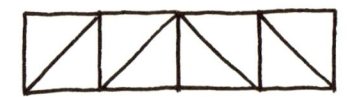

ハウトラス
「ハの字」に斜材を配置したもの
鉛直荷重に対して斜材に圧縮力が
作用する

フィーレンディールトラス
斜材をなくし部材に曲げ応力を
負担させたもの
部材断面が他のトラスに比べ大
きくなる

平行弦トラス

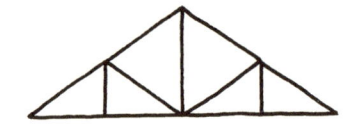

キングポストトラス
中央に垂直材を設けたもの

クイーンポストトラス
中央の垂直材をなくし2本の鉛直材
に水平材を架けたもの

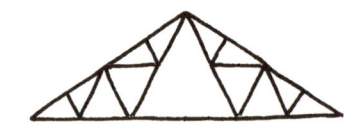

フィンクトラス
圧縮力が作用する上弦材の支点間距離
を短くし座屈しにくくしたもの

山形トラス

　これら平面トラスに対して、三角形や四角形などの平面グリッドを3次元に展開したものを立体トラスと呼びます。立体トラスには、単層と複層タイプがあり、三角錐や四角錐などの基本ユニットを組み合わせて立体トラスを組みます。屋根に多く用いられ、ドーム型や折版型、双曲線型など比較的自由に曲面を構築することができます。

トラスの接合部は通常、溶接や高力ボルトでピン接合されており、中には剛接合のものもあります。トラスの節点を剛接合したモデルで解析すればわかりますが、応力は軸力が支配的で、ほとんど曲げ応力が生じないので、通常はピン接合として扱っても実用上の不都合はありません。

　ところで、トラスの各部材には引張力または圧縮力が作用しますが、これを計算で求める前にありったけの経験値を使って力の流れを読むことにしましょう。みなさんは足を広げて立った場合、安定感が増すとともに、足の裏に体重とつりあう反力を地面から受けるのを実感すると思います。また、両足には圧縮力が作用することも体感できるでしょう。力の流れも次図のようにイメージできるはずです。

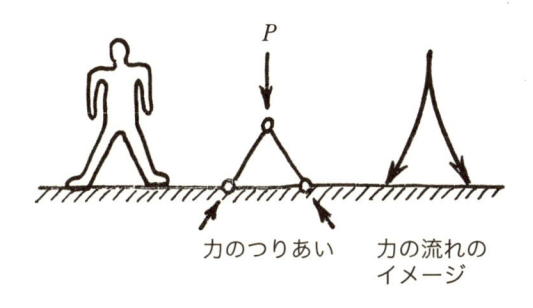

では、次図に示す鉛直荷重を受ける山形トラスはどうでしょうか。

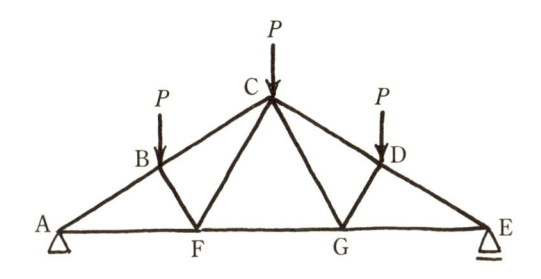

　山形トラスを巨視的に捉えると節点 B、C、D に作用する鉛直荷重がさきほどの両足と同様に 2 方向に分かれて流れていることに気づくと思います。その結果、節点 F、G は斜材 BF、DG に押されて下側に変形しようとしま

すが、それを上に引っ張り上げる力が斜材 CF、CG に作用し、節点 C に力を伝えます。その力が外側の安定した三角形の斜材 AC、CE を伝って支点に到達します。これらをまとめると次図のようなイメージになります。

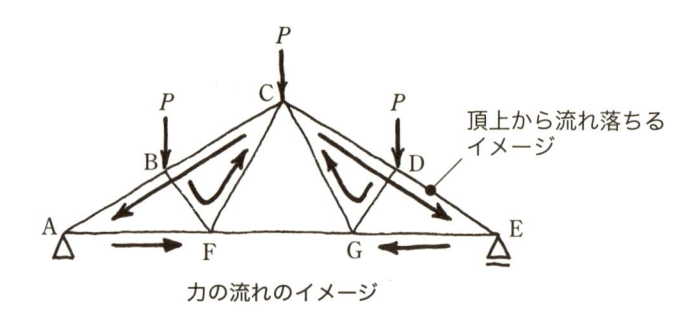

力の流れのイメージ

では、次図のような鉛直荷重を受けるプラットトラスについて力の流れをイメージしてみてください。

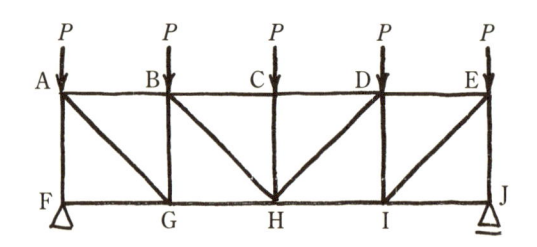

節点 C の荷重が直接束材 CH（圧縮）に伝わり、節点 H を下方に押そうとします。今度は斜材 BH、DH がそれを引っ張り上げようとして伸び（引張）、力が材端の節点 B、D に伝わります。それを順次繰り返して最終的に支点 F、J に伝達されるのですが、基本的には次図のように両側の支点に向かって力が流れます。

プラットトラスのような平行弦タイプのトラスは、巨視的には密実なはり部材のムダな部分をそぎ落としてできた究極の形だと考えるとわかりやすいかもしれません。そうすれば、力の流れる道筋の数だけトラスができ

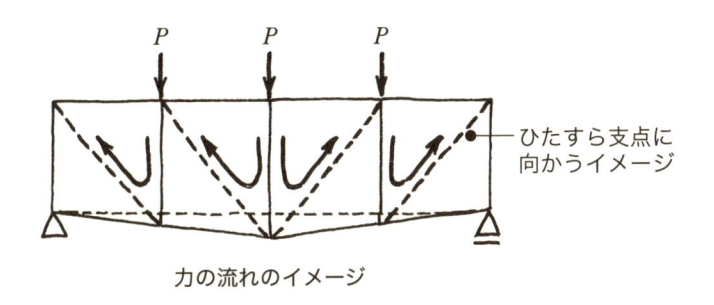

力の流れのイメージ

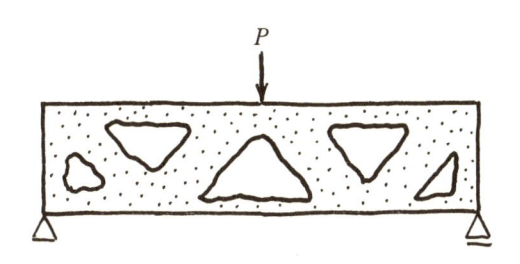

るということも理解できると思います。

　さらに、作用した荷重がひたすら両端の支点に向かって流れる点が、さきほどの山形トラスとは根本的に異なることを感覚としてもっておくと理解が深まります。

③ 計算せずに応力を求めてみよう

　第2章第1節の「力の解体新書」（48頁）の項で、力を分解、合成する方法を紹介し、力がつりあっていれば力の多角形は必ず閉じることを解説しました。ここでは、一つの力を2方向に分けて考えることにより、トラス部材の応力を求める方法について解説します。

　これから紹介するのは、「クレモナ（Cremona）の図解法」と呼ばれるもので、任意の節点における作用外力（集中荷重）や接続するトラス部材の応力（軸力）の合力がゼロであることを利用し、機械的に作図を行って求めていくというものです。

例　題

　図のような荷重を受けるトラスに作用する応力を求めなさい。

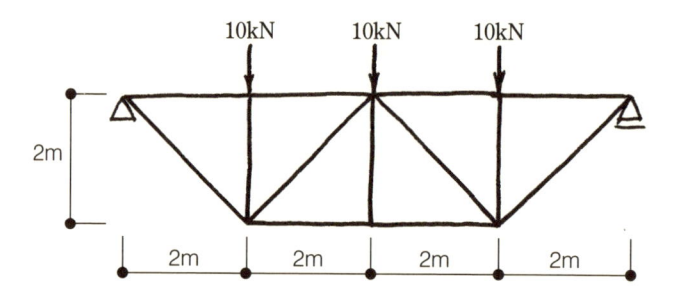

　解く手順は次のとおりです。

⑴次図のように各部材の応力を N_1 〜 N_7、節点を A 〜 H、の符号を振ります。そして、つりあい条件から A、E の支点反力をあらかじめ求めておきます（いずれも上向きに 15 kN、解説は省略）。

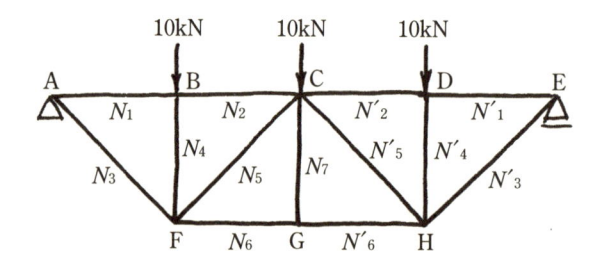

⑵部材、荷重、反力の線で分割される各領域に①〜⑪の番号を振ります。

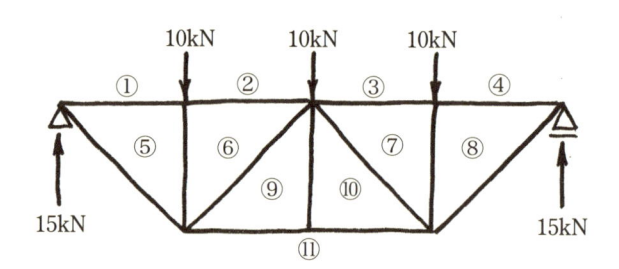

118

⑶節点Aの反力が既知であるので、これを 15 kN の大きさをもったベクトル（線分の長さは任意）として描きます。このとき、反力で分割された領域名を時計回りに読み、ベクトルの始端と終端に番号11と1を振ります。

⑷節点Aの時計回りに応力を描いていきます。まず、1を通り N_1 に平行な線を引きます。さらに、11を通り N_3 に平行な線を引き交点を5とします。これで反力を2方向のベクトルに分けたことになりました。力の大きさは図上で線分の長さを測って求め、向きは着目した節点（ここでは節点A）に向かう方向であれば圧縮力（負）、離れる方向であれば引張力（正）とします。

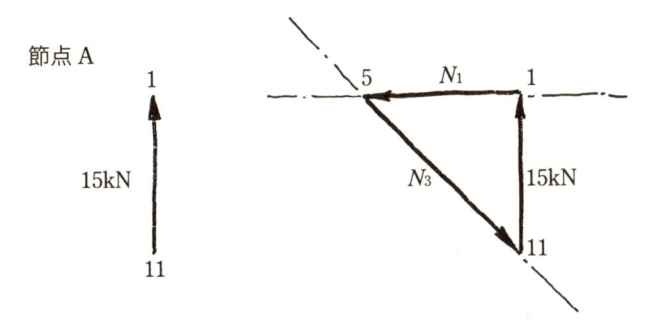

すなわち、$N_1 = - 15\,\mathrm{kN}$、$N_3 = 15\,\sqrt{2}\,\mathrm{kN}$ となります。

⑸他の節点についても同様に描けば、それぞれ次図のようになります。

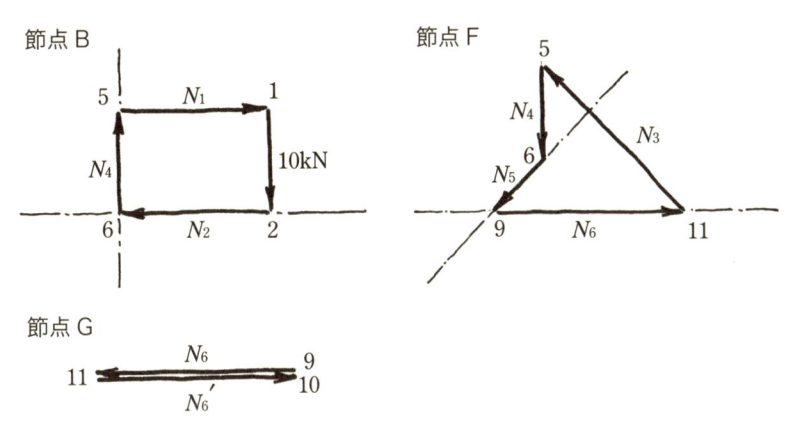

⑹これらをまとめて描けば、次図のように
　なります。たとえば、N_4なら節点Bに対
　して時計回りに読むと 6 － 5 材となりま
　す。一方、応力 6 － 5 は節点 B を向いて
　いるので圧縮力であり、その大きさは
　10 kN であることがわかります。

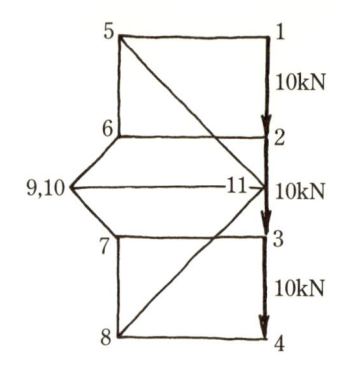

　このように、計算をしなくてもトラス部
材の応力を求めることができます。では、
もう一つ例題を解いてみましょう。

例　　題

　図のような荷重を受けるトラスに作用する応力を求めなさい。

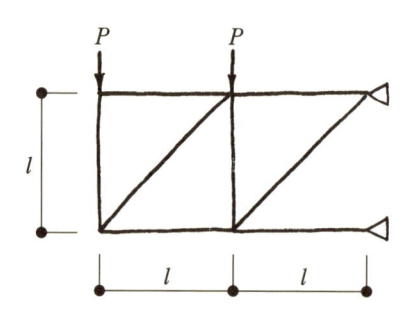

　反力と外力のつりあいを考えると、二つの外力 P の合力は $2P$ であり、
その位置は次図のとおりです。この合力と反力 R_A、R_B がつりあっている
ことから、反力 R_A の作用線は合力 $2P$ と R_B の作用線の交点を通ります。

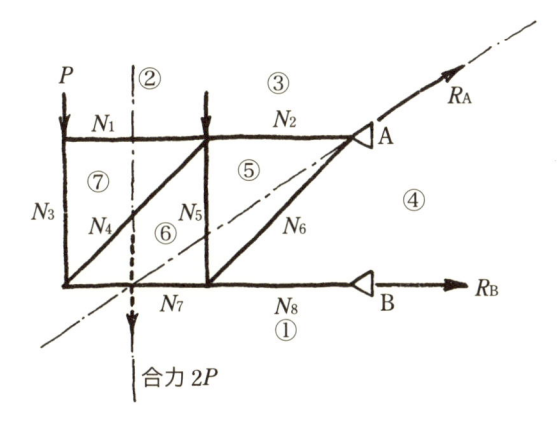

　部材応力は、先の例題と同様に各節点について示力図を描き、その長さを測ることにより求めることができます。

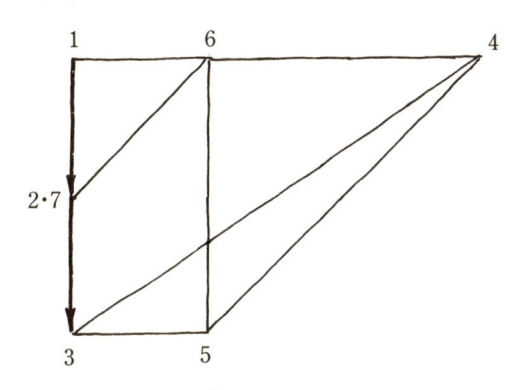

各部材の応力は次図に示す値となります。

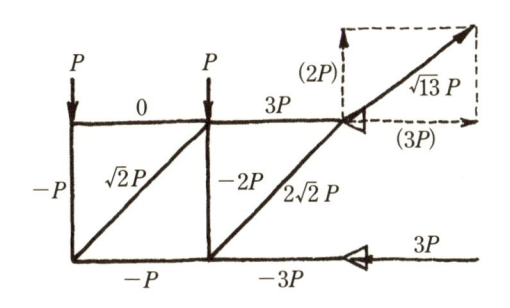

なお、ここで反力 R_A は合力として直接求められます。X、Y 方向成分を求めるには、得られた反力を各方向に分解するだけです。

④ 特定の部材軸力を求めるには鋸で切断

　トラス部材の応力を求めるには、前項のようなクレモナ（Cremona）の図解法もありますが、特定の部材応力（軸力）を求めるには「切断法」が有効です。ここでは、前項の例題を使ってこの解法を解説します。

例　題

　図のような荷重を受けるトラスの部材①、②、③に作用する応力を求めなさい。

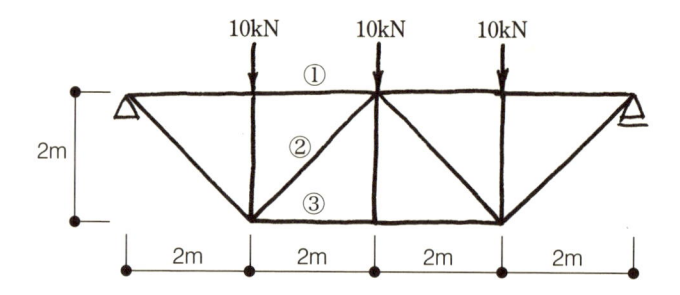

　解く手順は次のとおりです。

(1)応力を求めようとする部材を含む切断面を仮定します。

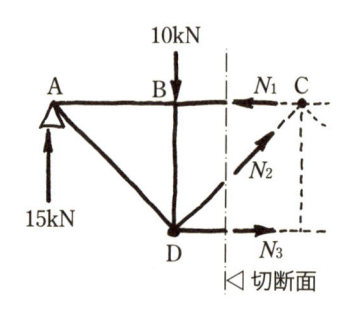

(2)切断したトラスの左右どちらかについて検討します。このとき、反力や荷重の数の少ない方を選ぶと計算が楽になります。

(3)切断した部材の応力 N_1、N_2、N_3 を仮定します。ここでは応力を引張方向に仮定していますが、圧縮方向に仮定してもかまいません。最後の結果が負の値になれば、当初仮定した向きと逆の応力が生じていると解釈してください。

(4)反力を求めます。例題ではトラス形状、荷重とも左右対称であるため、鉛直方向のつりあいから反力 R は

$$R = \frac{10 + 10 + 10}{2} = 15 \text{ kN}$$

となります。

(5)部材①について、節点 D まわりのモーメントのつりあいを考えると未知数 N_2、N_3 の項が消え、直接 N_1 を求めることができます。

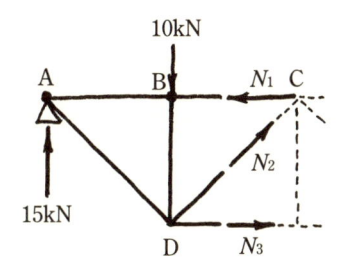

すなわち、$15 \times 2 + N_1 \times 2 = 0$ $\therefore N_1 = - 15 \text{ kN}$

となり、N_1 は最初に仮定した方向と逆向きに作用します。

(6)また、部材③について、N_1、N_2 の応力の作用線の交点 C まわりのモーメントのつりあいを考えると、未知数 N_1、N_2 の項が消え、直接 N_3 を求めることができます。

すなわち、$15 \times 4 - 10 \times 2 - N_3 \times 2 = 0$ $\therefore N_3 = 20 \text{ kN}$

となります。

(7)部材②については、N_1、N_3 が求まっているので、鉛直（水平でも可）方向のつりあい式より解くことができます。

すなわち、$-15 + 10 - \dfrac{N_2}{\sqrt{2}} = 0 \qquad \therefore N_2 = -5\sqrt{2}\,\text{kN}$

となります。

なお、(6)(7)の手順を踏まず、正攻法として節点 A、B まわりのモーメントのつりあい式から N_2、N_3 を求めることもできます。

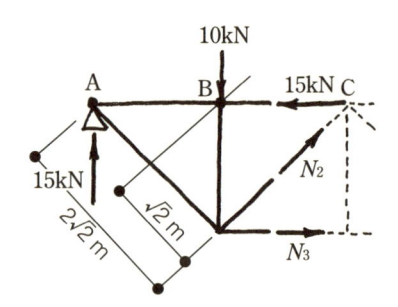

$$10 \times 2 - N_2 \times 2\sqrt{2} - N_3 \times 2 = 0$$
$$15 \times 2 - N_2 \times \sqrt{2} - N_3 \times 2 = 0$$

これらの式より、$N_2 = -5\sqrt{2}\,\text{kN}$ となり、これを上のいずれかの式に代入すると、$N_3 = 20\,\text{kN}$ が得られます。これらから、いずれの方法によっても、同じ結果が得られることがわかるかと思います。

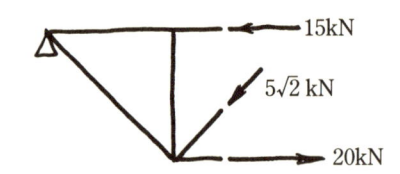

これと同様の方法で、次の計算例を解いてみてください。

計算例

　図のような荷重を受けるトラスの上弦材 AB に作用する軸力を求めなさい。

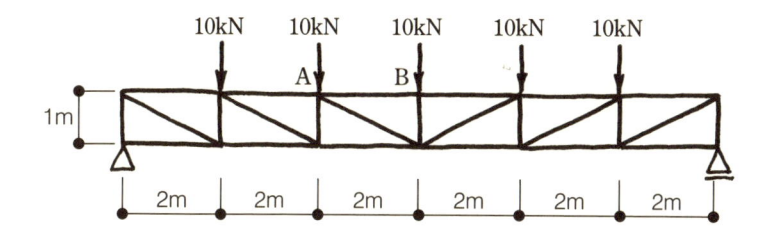

部材 AB を含む切断面を次のように設け、切断した部材の応力を N_1、N_2、N_3 と仮定します。

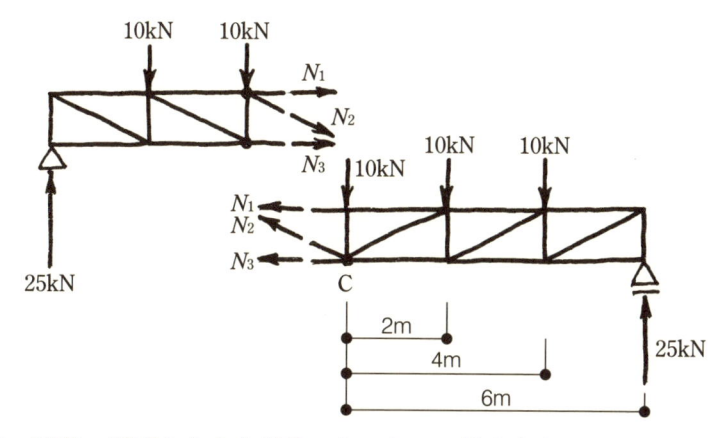

トラス形状、荷重とも左右対称であるため、鉛直方向のつりあいから、反力 R は、

$$R = \frac{10 + 10 + 10 + 10 + 10}{2} = 25 \, \text{kN}$$

となります。したがって、右側の切断トラスについて節点 C まわりのモーメントのつりあい式を立てると、未知数 N_2、N_3 が消え、未知数 N_1 を直接求めることができます。

$$- N_1 \times 1 + 10 \times 2 + 10 \times 4 - 25 \times 6 = 0$$

$$\therefore N_1 = 20 + 40 - 150 = -90 \, \text{kN} \quad (\text{圧縮})$$

このように、いきなり解こうとせず、未知数が少なくなるような位置（節点）でつりあいを考えることが簡単に解くポイントになります。

第2節｜曲げを受ける部材

1 姫を乗せた駕籠、どこを担ぐ？

　美しいお姫さまを籠に乗せて城まで送り届けるとき、みなさんなら前と後ろのどちらを担ぐでしょうか。下のイラストをご覧ください。

　肩にかかる荷重は前後どちらも同じだということは、直感でわかると思います。しかし、少しでも楽をするにはどうすれば良いでしょうか。ここまで本を読まれた方は、イラストを見ただけですぐにわかったと思いますが、これを構造計算で解いていくことにしましょう。

　長さ$2l$の棒の後方を2人で間隔lをおいて駕籠を担ぐものとすると、計算モデルは駕籠の集中荷重を受ける2連ばりで表すことができます。

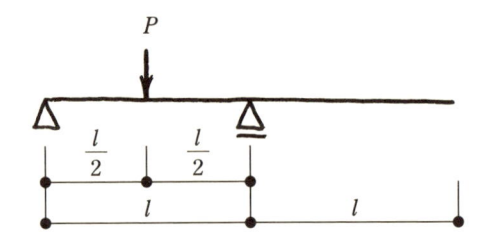

　A、Bの肩の間隔l、駕籠の質量をP、棒の自重を無視すると、荷重が左右均等にかかるので、反力はそれぞれ上向きに$P/2$となります。せん断力は外力が作用するはり中央部を境にその左右で階段状の分布になりますが、一定値$P/2$をとります。したがって、棒材の曲げモーメントは直線分布と

なり、中央部で最大値

$$M = \frac{P}{2} \times \frac{l}{2} = \frac{Pl}{4}$$

と求められます。以上より応力図を示すと次図のように描けます。

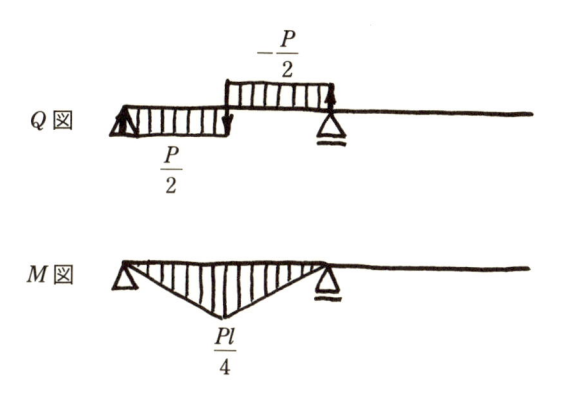

一方、反力さえ求まれば、荷重と反力をすべて外力ととらえ、自由端から片持ちばりとして解いていくという考え方もできます。その場合、上の応力図は次のように解釈できます。すなわち、せん断力図ははりの各位置における反力と荷重を表し、曲げモーメント図は左右別々に先端に反力が作用する片持ちばりと考えたときの載荷点における曲げモーメントを合成した分布図とみなすことができます。

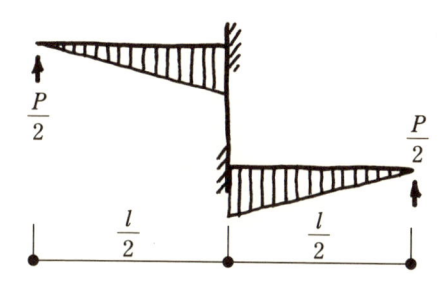

ところで、次に示すイラストのように、前の人が棒の先端を担ぐと応力はどうなるでしょうか。

　これを計算モデルで表すと次図のようになります。ここで、2人の肩の間隔は $2l$ とします。

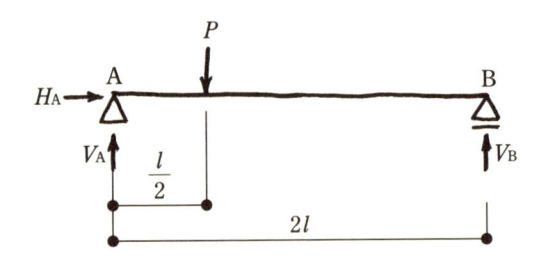

　すでにおわかりだと思いますが、反力はつりあい式から求めることができます。水平方向には外力が作用しないので、$H_A = 0$ となります。残る未知数は V_A と V_B の二つなので、つりあい条件も式を二つ作れば解くことができます。すなわち、鉛直方向とA点まわりのモーメントのつりあいから、

$$V_A + V_B = P$$

$$P \times \frac{l}{2} - V_B \times 2l = 0$$

　これらの式より、$V_B = \dfrac{P}{4}$　　$V_A = \dfrac{3P}{4}$

と反力が求められます。

　この結果より、棒の先で駕籠を担いだBの肩にかかる荷重が以前の半分になることがわかります。減った分、Aの肩に負担がかかるので、いくら

お姫さまに近いところを担ぐとはいえ、たまったものではありません。最初から棒の先端を担ごうとする人は、経験的に構造力学をわかっていると言えるかもしれません。

　同様の方法で棒に作用する応力を求め、その応力図を描くと次のようになります。

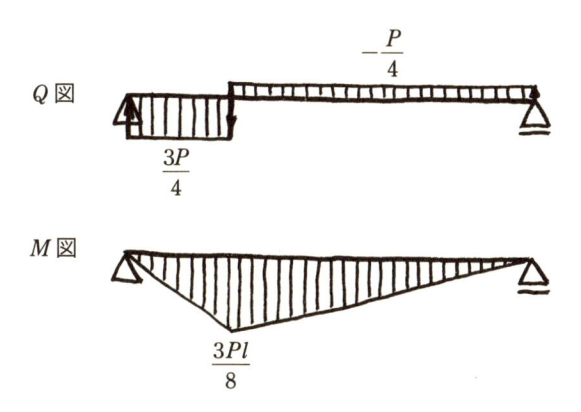

　これらの応力図を比較すると、棒に作用する最大曲げモーメントはスパンが大きくなったこともあり 1.5 倍に増えています。実際には、棒の断面サイズによっては大きく変形したり、増えた応力に耐え切れず折れることもありますが、こうした感覚や直感は日常の経験値や観察力によるところが大きく、危険を事前に察知する能力は構造設計者には不可欠なものです。

② モーメント荷重のもつ意味

　モーメントとは、ある点または軸まわりに物体を回転させようとする力の作用を指すという話は、第 2 章第 1 節「力はいつも 3 点セット」（34 頁）のところで述べました。モーメントという言葉を知らなくても、みなさんはすでに小さい頃からシーソーで遊んだり、スパナでボルトやナットを回してその概念を体得しています。ここでは、偶力を使ってモーメント荷重のもつ意味を考えてみたいと思います。

　次図のような単純ばりに偶力 P が作用する場合を考えてみます。

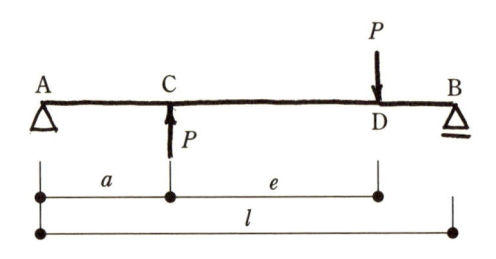

　偶力の距離を e とし、$M = Pe$ とすると、応力図を次のように表すことができます。

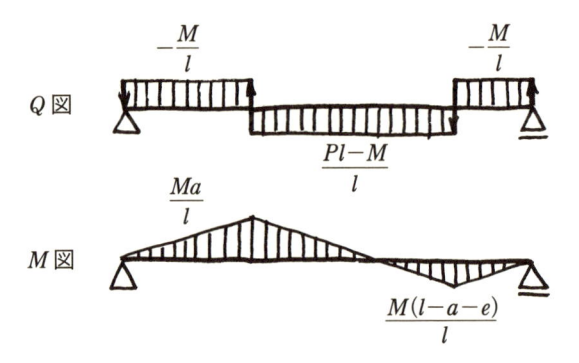

　では P を一定にして偶力の距離 e を限りなくゼロに近づけたとき、応力図はどのように変化するでしょうか。

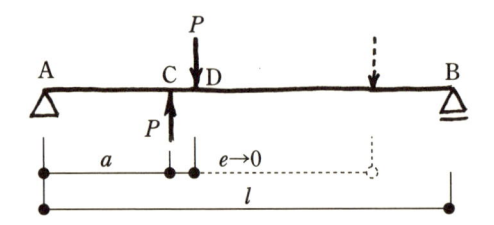

　左右の支点反力はそれぞれ M/l になり、せん断力は鉛直荷重が作用しないため、A-C 間、D-B 間で一定値 M/l をとります。したがって、A-C 間、D-B 間の曲げモーメント勾配は平行になります。また、e を限りなくゼロに近づけていくと、次図の上から下へと応力状態が変化し、しかも変化するのは C-D 間のみだということに気づくと思います。

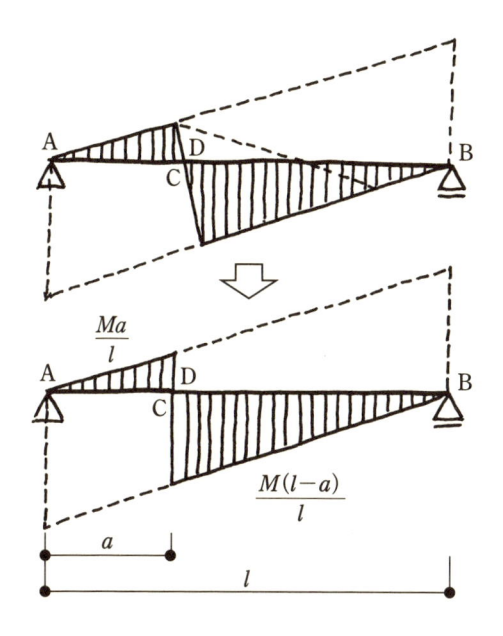

このように、e が限りなくゼロに近づいた状態をある点に「モーメント荷重」が作用する状態と言い換えることができます。モデル図を描くと次のように表すことができます。

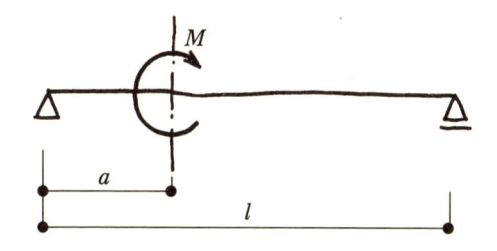

さらに、モーメント荷重 M が部材のどの位置に作用しようとも、せん断力は部材に鉛直荷重が作用しなければつねに一定になります。すなわち、モーメント勾配は一定であり、その分布は荷重載荷点において M の大きさだけ段差が生じる形になります。

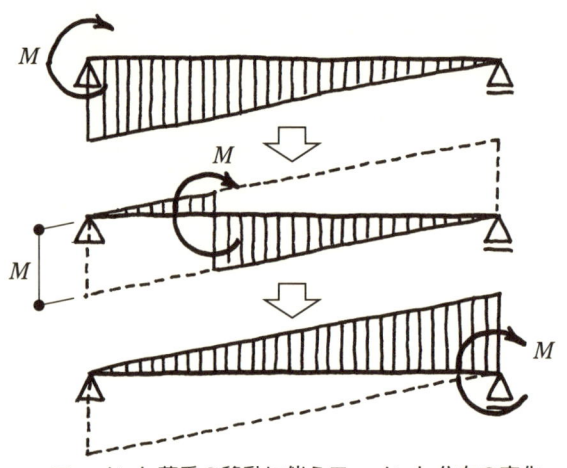

モーメント荷重の移動に伴うモーメント分布の変化

③ スリーヒンジ構造はこわくない

2個の部材で構成され、二つのピン支点と一つのヒンジをもつ構造を「スリーヒンジ構造」と呼びます。これらの部材は直線でも曲線でも良いのですが、節点 A、B、C が同一直線上にあると、C 点にわずかな外力が作用するだけで大きく変形するので、微小変形を考える上でこれは除外して考えます。

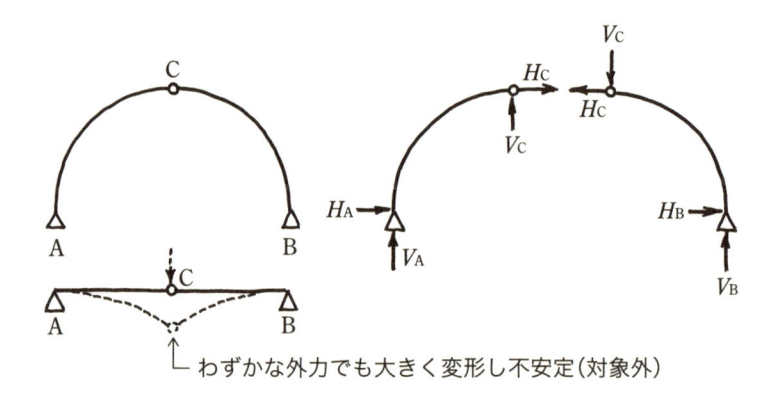

└→ わずかな外力でも大きく変形し不安定（対象外）

ところで、なぜこわくないかと言うと、第 2 章第 2 節「これ、コケる？コケない？」（60 頁）で解説したように、部材ごとに 3 個、計 6 個のつり

あい式が成立する一方、未知数は各ピン支点2個、中間ヒンジ部で相互の反力が二つの計6個となって方程式と未知数の数が一致し、静定構造物として扱えるからです。では、さっそく例題にとりかかることにしましょう。

計算例
　次図に示すスリーヒンジラーメンの応力図を描きなさい。

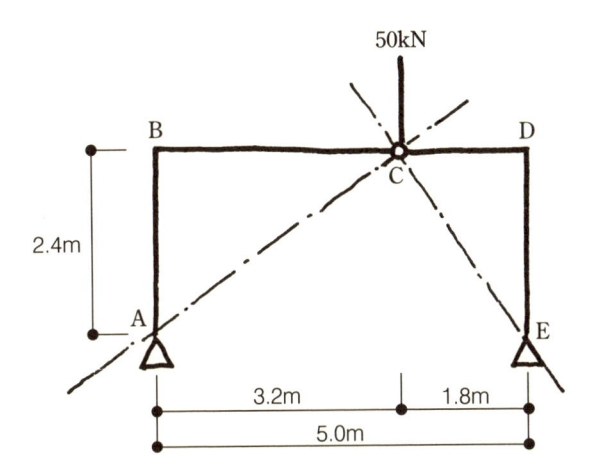

　上図でわかるように、部材に中間荷重が作用していないので、支点反力のベクトルはヒンジを結ぶ線上にあります。すなわち、この問題は三角形トラス ACE の反力を求める問題に置き換えることができます。

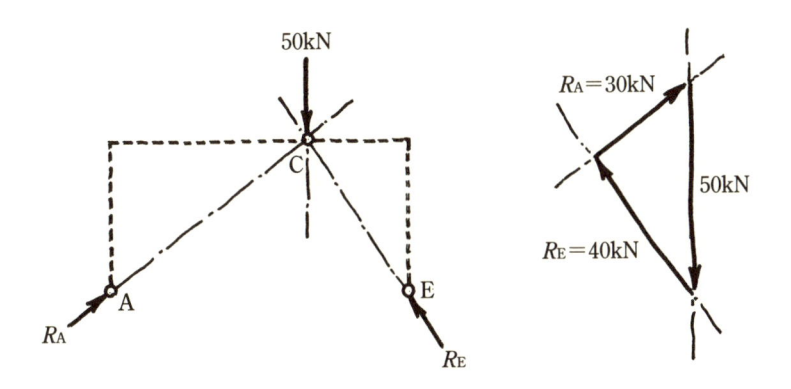

反力 R_A、R_E は示力図により求めることができます。R_A、R_E はそれぞれ鉛直、水平方向の分力に分解すると、次図の支点反力が得られます。

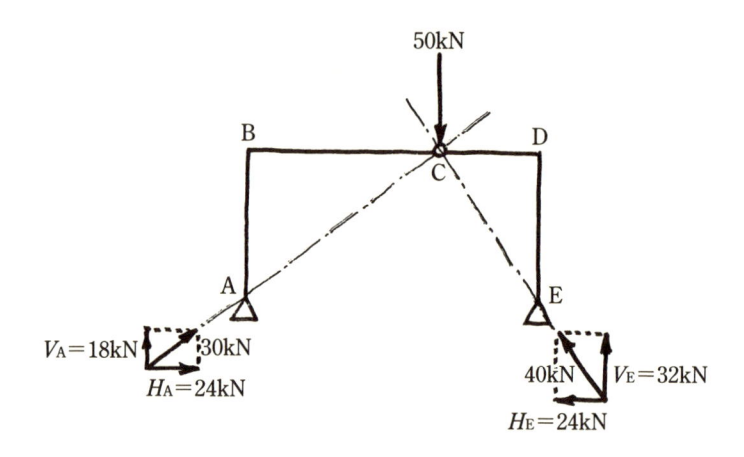

　これらをもとに求めた応力図を次図に示します。

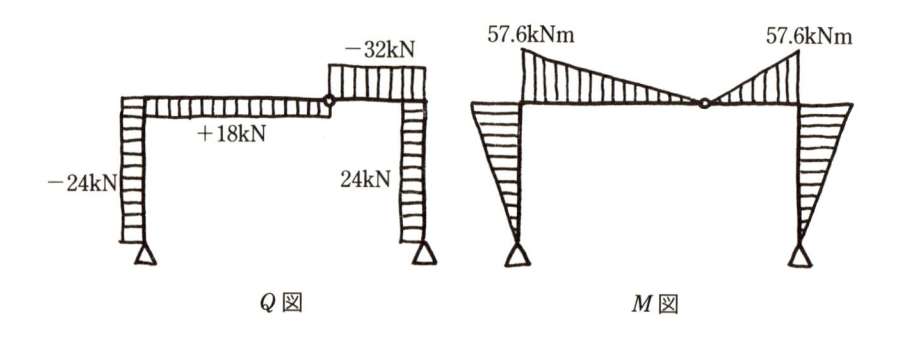

Q図　　　　　　M図

　この応力図からわかるように、水平方向には外力が作用していないので、支点 A、E の水平反力の和はゼロとなります。また、H_A、H_E は大きさが等しく、向きが反対になります。一方、節点 C はヒンジになっているので、曲げモーメントはゼロになります。B-C 間、C-D 間のせん断力はそれぞれ一定値をとりますが、節点 C で外力が作用するので、その分だけ不連続になり、段差のある分布になります。

　では、もう一つ例題を解いてみてください。

次図に示すスリーヒンジラーメンの応力図を描きなさい。

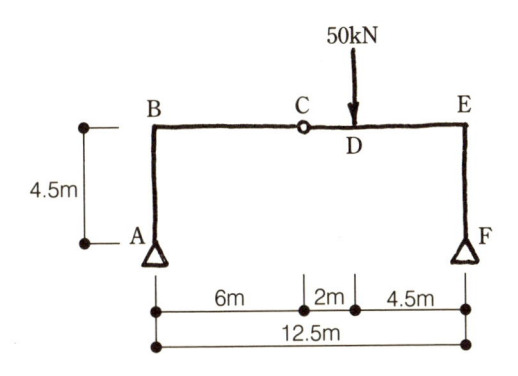

　さきほどの例題のように、まず図式解法で解いてみます。支点 A、F の反力の合力を R_A、R_F とすると、フレーム A-B-C に作用する力は反力 R_A だけであり、点 C での曲げモーメントがゼロであるから、R_A の作用線は必ず点 C を通ります。さらに、つりあい状態にあることから、R_F の作用線は R_A と外力の作用線との交点 G を通ります。

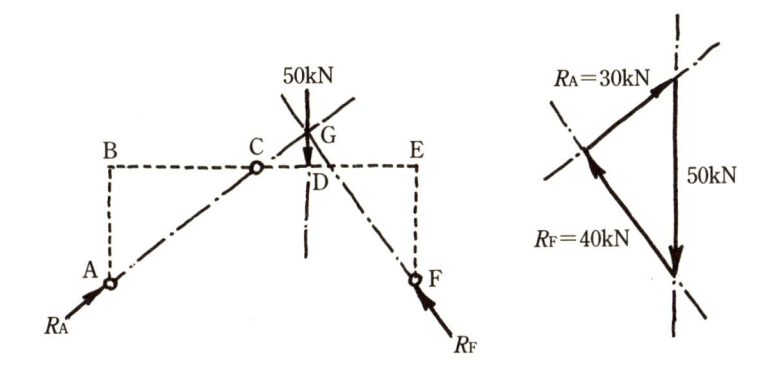

示力図により $R_A = 30\,\mathrm{kN}$、$R_F = 40\,\mathrm{kN}$ と求めることができます。鉛直、水平方向の分力に分解すると、次図の支点反力が得られます。

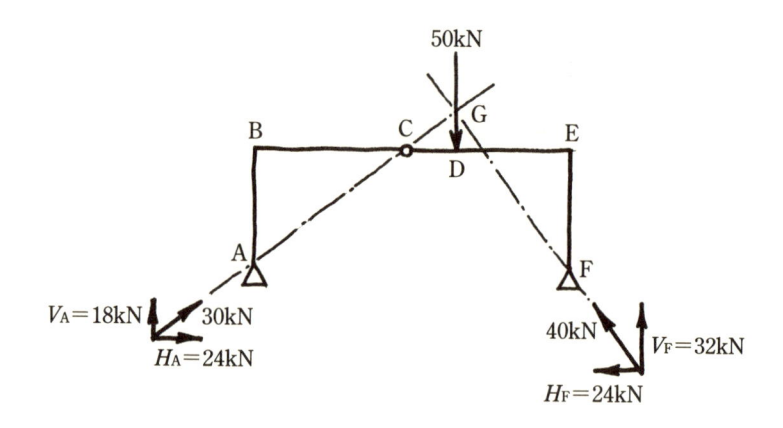

もちろん、つりあい条件式から次のように求めることもできます。

水平方向のつりあい　　$H_A - H_F = 0$

鉛直方向のつりあい　　$V_A + V_F - 50 = 0$

点 A まわりのつりあい　$50 \times 8 - V_F \times 12.5 = 0$

未知数が四つなので、もう 1 個つりあい式が必要です。左半分のフレーム A-B-C を取り出して、点 C まわりのつりあいを考えると、

$$V_A \times 6 - H_A \times 4.5 = 0$$

これより、$V_F = 32\,\mathrm{kN}$　　$V_A = 18\,\mathrm{kN}$

　　　　　　$H_A = 24\,\mathrm{kN}$　　$H_F = 24\,\mathrm{kN}$

が得られます。

　以上の反力をもとに応力図を描くと次のようになります。

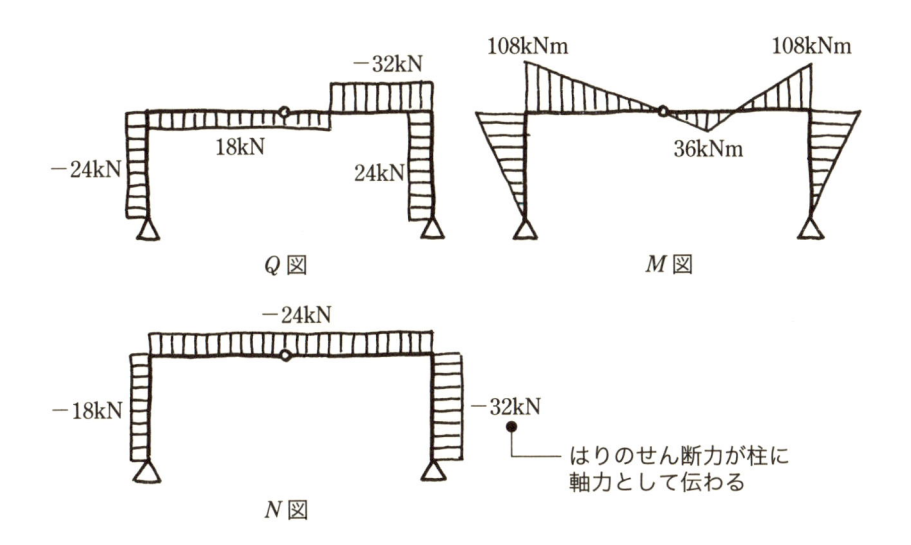

－32kN

108kNm 108kNm

－24kN 18kN

24kN

36kNm

*Q*図 *M*図

－24kN

－18kN －32kN

はりのせん断力が柱に
軸力として伝わる

*N*図

④ 重ねばりは団体競技

かつて「親亀の背中に小亀を載せて〜♪」というナンセンストリオの歌
ネタがありましたが、そうやってはりを載せた「重ねばり」の応力状態に
ついて考察してみることにしましょう。

ガンバレ！

　長さ *l* の親ばりの上に長さ *a* の小ばりを載せた重ねばりに、鉛直方向に
集中荷重 *P* が作用する場合の応力図を求めます。

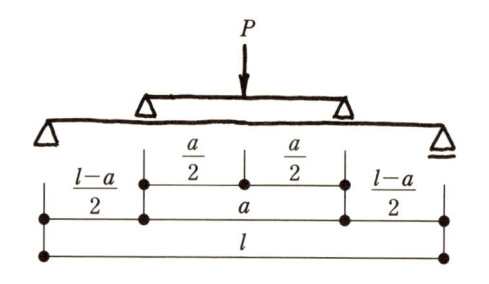

　この場合、まず上のはりの応力を求め、得られた反力を下のはりに外力として作用させて順に応力を求めていきます。その手順を応力図とともに示します。

① 小ばりの応力を求める。

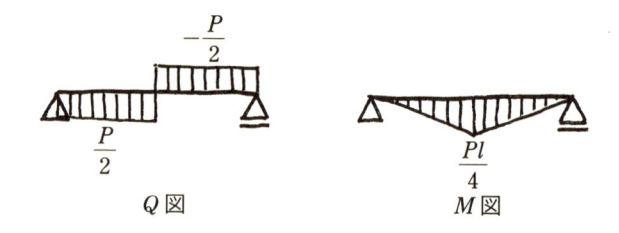

② 得られた反力を親ばりに作用させ、応力を求める。

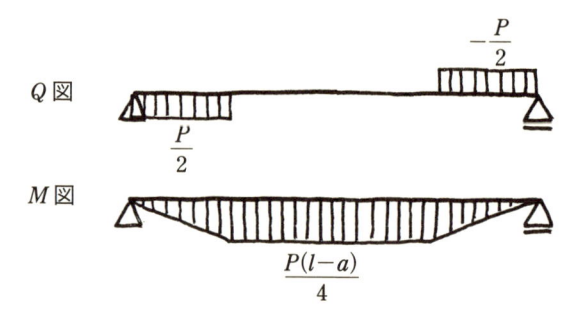

　このようにはりを分解すれば応力を簡単に求めることができますが、これらを足した応力は、長さ l の親ばりに集中荷重 P が作用する場合の応力分布に一致します。

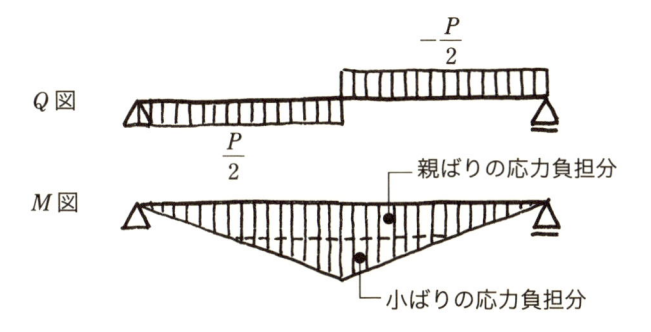

架構全体を考えると、それは外力に対してする仕事が一定で、小ばりが働いている分、親ばりは遊んでいることを示しているに過ぎません。そういう意味では、重ねばりは団体競技と言えるでしょう。

⑤ せり出しばりは親を助けない

前項では真上に単純ばりを重ねましたが、ここでは少しずつせり出して重ねた片持ちばりの応力を求めてみることにしましょう。

長さ l の親ばりの上に全長 l の連ばりを半分せり出して載せ、その先端に集中荷重 P が作用する場合の応力図を求めます。

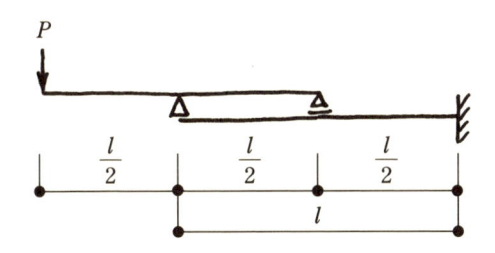

本例題についても、さきほどの重ねばりと同様、上のはりの応力をまず求め、得られた反力を下のはりに外力として作用させて順に応力を求めていきます。その手順を応力図とともに示します。

① せり出しばりの応力を求める。

② 得られた反力を親ばりに作用させ、応力を求める。

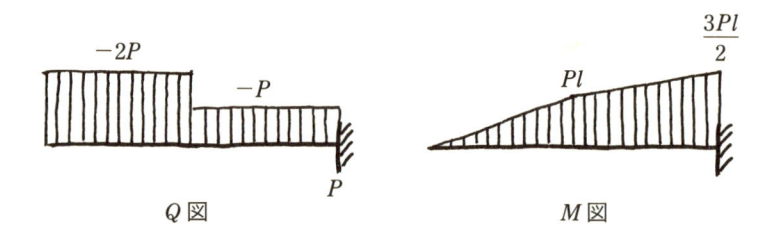

　この場合も、これらを足した応力が長さ (3/2) l の片持ちばりの先端に集中荷重 P が作用する場合の応力分布に一致します。

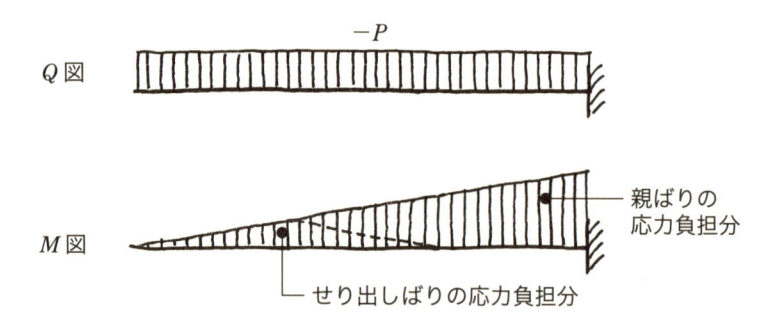

　これは、片持ちばりの固定端の応力を小さくしようとしてスパンを短くし、少しずつせり出しばりを設けても応力は小さくならないことを意味します。つまり、荷重の作用点と支点までの距離（スパン）が決まれば、どのようなはりの組み方をしてもつりあい式から応力の大きさは確定します。

第3節｜いろいろな方法で片持ちばりを解こう

① 高校物理の知識（微分方程式）を使って解く方法

　たわみの計算方法は1種類だけてはなく、いろいろな方法で求めることができます。この節では、共通の片持ちばりを例にとって、たわみを求める方法を五つ紹介します。

　ここではまず、高校物理の知識を使って解く方法を示します。基本的なことですが、構造力学を学ぶ上でとても重要な内容を含んでいるので、よく理解するようにしてください。

（1）曲率を表す式の誘導

　次図に示す均質な直線ばりにおいて、軸方向の微小幅 dx 間で下向きに y だけ変形した場合を考えます。

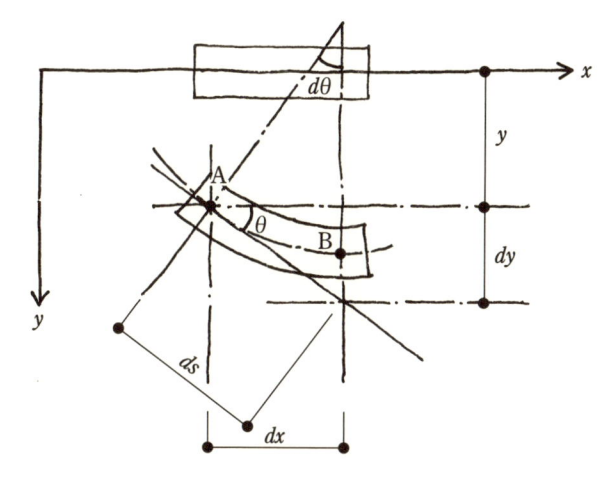

　曲率 κ はたわみ角 θ の変化する割合を表すので、

$$\kappa = \lim_{\varDelta s \to 0} \frac{\varDelta \theta}{\varDelta s} = \frac{d\theta}{ds}$$

この式を dx を使って変形すると、

$$\kappa = \frac{d\theta}{dx} \frac{dx}{ds}$$

となります。

この式の各項をこれから dx、dy だけの式に変換していきます。たわみ角 θ が微小である時、たわみの曲線長さ ds は直線とみなすことができ、ピタゴラスの定理から、

$$\frac{dx}{ds} = \frac{dx}{\sqrt{dx^2 + dy^2}} = \frac{1}{\sqrt{1 + \left(\dfrac{dy}{dx}\right)^2}}$$

また、$\dfrac{dy}{dx} = -\tan\theta$

これを x で微分して式を変形すると、

$$\frac{d}{dx}\left(\frac{dy}{dx}\right) = -\frac{d(\tan\theta)}{dx} = -\frac{d\theta}{dx}\frac{d(\tan\theta)}{d\theta}$$

ここで微分の公式を使うと、

$$\frac{d(\tan\theta)}{d\theta} = \frac{\cos^2\theta + \sin^2\theta}{\cos^2\theta} = 1 + (\tan\theta)^2 = 1 + \left(\frac{dy}{dx}\right)^2$$

$$\therefore \frac{d\theta}{dx} = -\frac{\dfrac{d}{dx}\left(\dfrac{dy}{dx}\right)}{1 + \left(\dfrac{dy}{dx}\right)^2}$$

$$\therefore -\kappa = \frac{d\theta}{dx}\frac{dx}{ds} = \frac{\dfrac{d^2y}{dx^2}}{\left[1 + \left(\dfrac{dy}{dx}\right)^2\right]^{\frac{3}{2}}}$$

$\left(\dfrac{dy}{dx}\right)^2$ が 1 に対して無視できるほど小さいと仮定すると、曲率は次式で表すことができます。

$$-\kappa = \frac{d^2y}{dx^2}$$

(2) たわみの弾性曲線式の誘導

応力とひずみの関係から導いた式（86 頁「大切な応力 3 姉妹」参照）

$$M = \kappa E I$$

にさきほど求めた曲率の式を代入すると、

$$M = -EI \frac{d^2 y}{dx^2}$$

$$\therefore \frac{d^2 y}{dx^2} = -\frac{M}{EI}$$

これがたわみを求めるための弾性曲線式となります。これを積分していくと、

$$\theta = \frac{dy}{dx} = -\int \frac{M}{EI}\, dx + C_1$$

$$y = -\iint \frac{M}{EI}\, dx^2 + C_1 x + C_2$$

となります。ここで、つりあい条件から導いた式（第2章第1節「車の速さと速度は違う」[39頁] を参照)

$$\frac{dM}{dx} = Q \qquad \frac{d\theta}{dx} = -p(x)$$

を整理すると、

$$\frac{d^2 M}{dx^2} = \frac{dQ}{dx} = -p(x)$$

$$Q = \frac{dM}{dx} = -\int p(x)\, dx + C_3$$

$$M = -\iint p(x)\, dx^2 + C_3 x + C_4$$

となります。

(3) たわみの微分方程式の誘導

さきほどの式

$$\frac{d^2y}{dx^2} = -\frac{M}{EI}$$

$$\frac{d^2M}{dx^2} = -p(x)$$

より M を消去すると、次式になります。

$$\frac{d^2}{dx^2}\left(EI\frac{d^2y}{dx^2}\right) = p(x)$$

EI が一定とすると、定数となって積分項の前に出るので、次式の微分方程式が得られます。

$$\frac{d^4y}{dx^4} = \frac{p(x)}{EI} = -\frac{1}{EI}\frac{d^2M}{dx^2}$$

これを順次積分して、

$$\frac{d^3y}{dx^3} = -\frac{1}{EI}\frac{dM}{dx} = -\frac{Q}{EI} = \frac{1}{EI}\int p(x)\,dx + C_1$$

$$\frac{d^2y}{dx^2} = -\frac{M}{EI} = \frac{1}{EI}\iint p(x)\,dx^2 + C_1 x + C_2$$

$$\frac{dy}{dx} = \theta = \frac{1}{EI}\iiint p(x)\,dx^3 + C_1\frac{x^2}{2} + C_2 x + C_3$$

$$y = \frac{1}{EI}\iiiint p(x)\,dx^4 + C_1\frac{x^3}{6} + C_2\frac{x^2}{2} + C_3 x + C_4$$

上の結果より、曲げモーメント、せん断力、荷重の関係をさらに拡張して、たわみから荷重までの関係を整理すると、次図のようになります。この関係はとくに重要ですので、よく理解しておいてください。

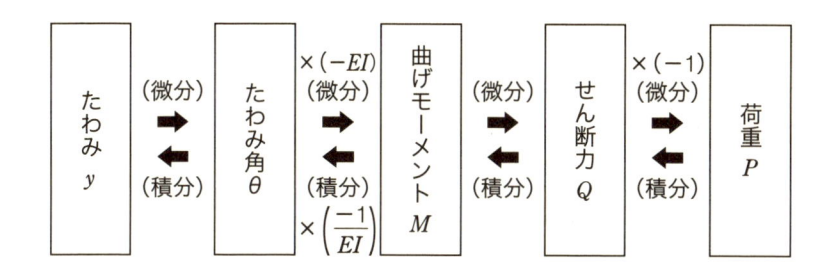

　また、たわみを求める式が4階の微分方程式になるので、定数が四つできます。したがって、これを解くには、四つの境界条件がわかれば良いということになります。具体的には、材端（支持部）での応力、たわみ、回転角がわかれば解くことができます。たとえば、スパン l の単純ばりであれば

$$x = 0 \quad において \quad y = 0、M = 0$$
$$x = l \quad において \quad y = 0、M = 0$$

　また、先端に荷重 P が作用するスパン l の片持ちばりであれば、

$$x = 0 \quad において \quad y = 0、\theta = 0$$
$$x = l \quad において \quad M = 0、Q = P$$

よりたわみを求めることができます。

　これらのたわみ式は、静定構造物だけでなく不静定構造物にも使える一般式ですので、ぜひ活用してみてください。

計算例

次図のような等分布荷重 w が作用する片持ちばりの先端のたわみを求めなさい。ただし、はりの曲げ剛性 EI は全長にわたって一定とします。

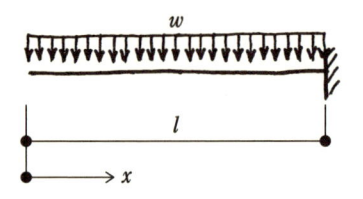

解　説

モーメント分布を求めると、次図のようになります。弾性曲線式を直接積分する方法は第2章第4節「いくらたわむ？」(101頁) のところで解説していますが、同様に求めることができます。

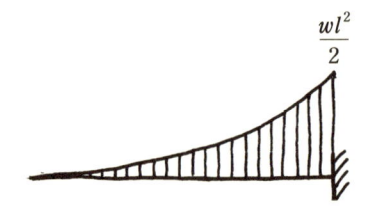

$p(x) = w$ （一定）より、さきほどの微分方程式は次式のように表せます。

$$-Q = \int w dx + C_1$$

$$-M = w dx^2 + C_1 x + C_2$$

$$\theta = \frac{1}{EI} \iiint w dx^3 + C_1 \frac{x^2}{2} + C_2 x + C_3$$

$$y = \frac{1}{EI} \iiiint w dx^4 + C_1 \frac{x^3}{6} + C_2 \frac{x^2}{2} + C_3 x + C_4$$

ここで境界条件から

$x = 0$　において　$M = 0$、$Q = 0$、$y = 0$

$x = l$　において　　$\theta = 0$

であるから、これらを弾性曲線式に代入すると

$x = 0$　において　$Q = C_1 = 0$

$$M = C_2 = 0$$

$x = l$　において

$$\theta = \frac{wl^3}{6EI} + C_3 = 0 \qquad \therefore C_3 = -\frac{wl^3}{6EI}$$

$$y = \frac{wl^4}{24EI} - \frac{wl^4}{6EI} + C_4 = 0$$

したがって、先端のたわみは　$x = 0$　より

$$y = C_4 = \frac{wl^4}{8EI}$$

となります。

計算例

　剛な水平台の上に自重 q を受ける断面が一様な弾性体の板が長さ a だけ台からはみ出して置かれています。このとき、図のように台から浮き上がっている長さ l を求めなさい。なお、板の曲げ剛性は EI とします。

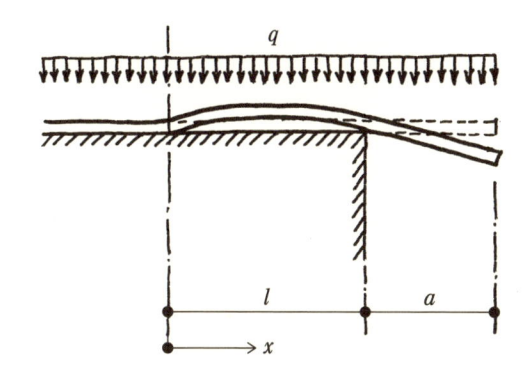

　見慣れない問題であっても、下図のように２連ばりとしてモデル化して考えるとわかりやすいと思います。あとは、境界条件を微分方程式に代入すれば簡単に解くことができます。

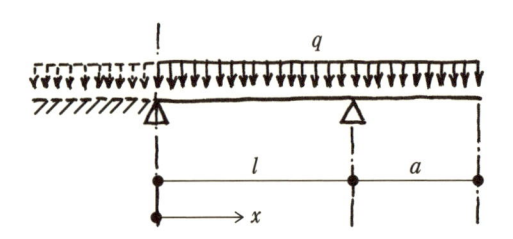

　まず、$x = 0$ における境界条件は、曲げモーメント、たわみ、回転角がともにゼロであるから、

　　$M = 0$、$\omega = 0$、$\theta = 0$

　また、$x = l$ における境界条件は、曲げモーメントが片持ちばりの固定端モーメントとなり、かつたわみがゼロになるので、

$$M = -\frac{qa^2}{2} \text{、} \omega = 0$$

　ここで、さきほど誘導したたわみの微分方程式

$$-\frac{Q}{EI} = \frac{1}{EI}\int p(x)\,dx + C_1$$

$$-\frac{M}{EI} = \frac{1}{EI}\iint p(x)\,dx^2 + C_1 x + C_2$$

$$\theta = \frac{1}{EI}\iiint p(x)\,dx^3 + C_1\frac{x^2}{2} + C_2 x + C_3$$

$$y = \frac{1}{EI}\iiiint p(x)\,dx^4 + C_1\frac{x^3}{6} + C_2\frac{x^2}{2} + C_3 x + C_4$$

にこれらの境界条件を代入すると、

　　$x = 0$　のとき、$C_4 = 0$、$C_3 = 0$、$C_2 = 0$

　　$x = l$　のとき、

$$y = \frac{1}{EI}\iiiint p(x)\,dx^4 + C_1\frac{l^3}{6} = \frac{q\,l^3}{24\,EI} + C_1\frac{l^3}{6} = 0$$

$$\therefore C_1 = -\frac{q\,l}{4\,EI}$$

$$-\frac{M}{EI} = \frac{qa^2}{2\,EI} = \frac{1}{EI}\iint q\,dx^2 - \frac{q\,l^2}{4\,EI} = \frac{q\,l^2}{2\,EI} - \frac{q\,l^2}{4\,EI}$$

$$\therefore \frac{qa^2}{2\,EI} = \frac{q\,l^2}{4\,EI}$$

したがって、

$$l^2 = 2a^2 \quad \text{より} \quad l = \sqrt{2}\,a$$

と求めることができます。

② カタチを合わせて解く方法（Mohr の定理）

　ここでは、モール（Mohr）の定理を使って、前項と同じ片持ちばりのたわみを求めることにしましょう。その前に、モールの定理について簡単に解説します。

　前項で示した弾性曲線式を積分した式

$$\theta = \frac{dy}{dx} = -\int \frac{M}{EI}\,dx + C_1$$

$$y = -\iint \frac{M}{EI}\,dx^2 + C_1 x + C_2$$

と曲げモーメントとせん断力を示す式

$$\theta = \frac{dM}{dx} = -\int p(x)\,dx + C_3$$

$$M = -\iint p(x)\,dx^2 + C_3 x + C_4$$

をよく見比べてください。式の形が同じで、たわみ y が曲げモーメント M に、回転角 θ がせん断力 Q に、そして M/EI が荷重 $p(x)$ に対応している

ことがわかると思います。

$$y \quad \Leftrightarrow \quad M$$

$$\theta \quad \Leftrightarrow \quad Q$$

$$\frac{M}{EI} \quad \Leftrightarrow \quad p(x)$$

　モールの定理はこうした弾性曲線式の性質をうまく利用したものです。境界条件での両者（θとQ、yとM）の対応を考える必要はありますが、Mが既知であれば、M/EIを分布荷重とみなしてQとMを求めると、それらはそれぞれθとyになるということを意味しています。具体的に次の例題で確かめていくことにしましょう。

$\boxed{\text{計算例}}$

　次図のような等分布荷重wが作用する片持ちばりの先端のたわみを求めなさい。ただし、はりの曲げ剛性EIは全長にわたって一定とします。

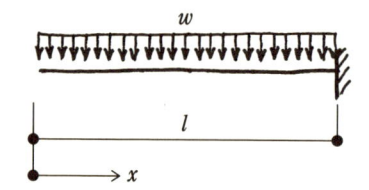

$\boxed{\text{解　説}}$

　モーメント分布は次図のように示すことができます。

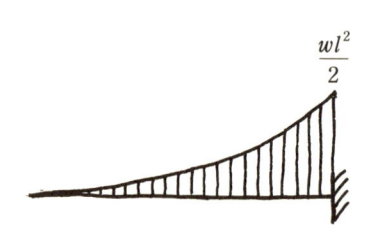

片持ちばりの場合、たわみと力の境界条件が一致しないため、まず境界条件での対応を考える必要があります。すなわち、固定端 $x = l$ における たわみは $y = 0$、また回転角は $\theta = 0$ となります。このとき、M/EI を分布荷重とみなしてたわみを求めると、見かけの Q と M がゼロになってしまうので、固定端と自由端を入れ替えてやる必要があります。すなわち、次図のような荷重を与えれば良いということです。

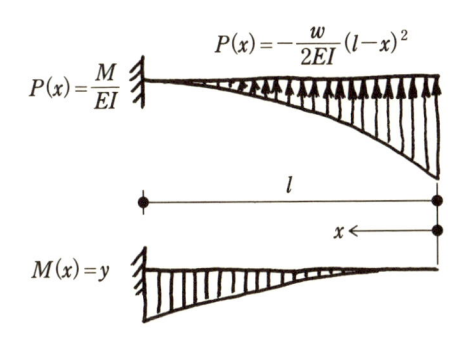

　この荷重に対する固定端モーメントが、求める片持ちばりのたわみということになります。曲げモーメント M は、外力と反力との力のつりあいから次式により求めることができます。

$$M - \int_0^l \frac{w(l-x)^2}{2EI}(l-x)dx = 0$$

これを展開すると、

$$M = \frac{w}{2EI}\int_0^l (l^3 - 3l^2x + 3lx^2 - x^3)dx$$

$$= \frac{w}{2EI}\left[l^3x - \frac{3l^2x^2}{2} + lx^3 - \frac{1}{4}x^4\right]_0^l = \frac{wl^4}{8EI}$$

となり、これが求めるたわみの値になります。このように、モールの定理を使うと、前項のような微分方程式を解く必要がなくなり、簡単に特定の点における変位を直接求めることができるので覚えておくと便利です。

単純ばりの場合の境界条件は、$x = 0$、$x = l$ でたわみ $y = 0$ となります。一方、両端での曲げモーメントも同様に $M = 0$ となり、変位と力の境界条件が一致するので、片持ちばりのように境界条件を入れ替える必要はありません。試しに一度、単純ばりを例にモールの定理を使って解いてみてください。

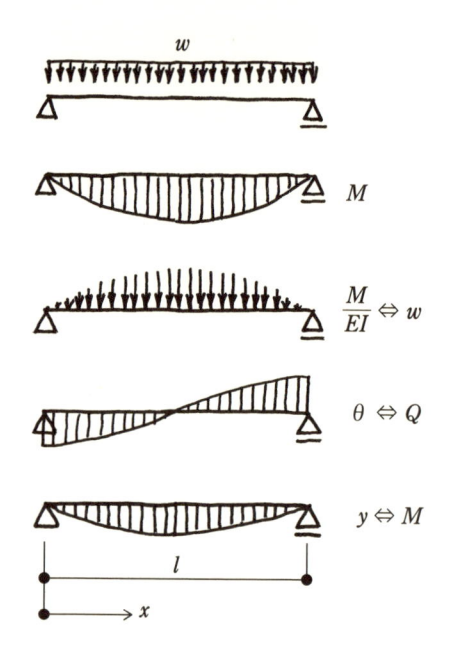

③ 蓄えられたひずみエネルギーから解く方法（Castigliano の定理）

外力 P が作用する点の P 方向変位を δ とすると、変位 δ に対して P のする仕事 W は、弾性体であれば力と変形の関係が線形になるので、次式で表すことができます。

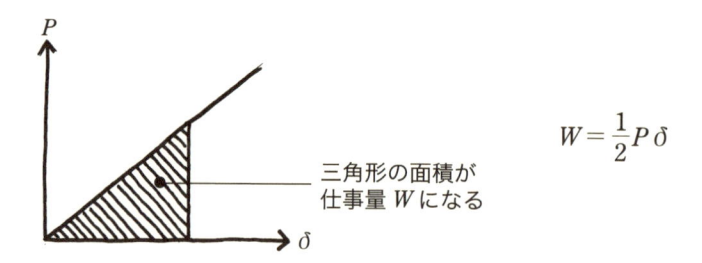

三角形の面積が仕事量 W になる

$$W = \frac{1}{2} P \delta$$

複数の外力 P_i（$i = 1, 2 \cdots\cdots$）が作用する場合は、弾性変形の仕事はその作用順序にかかわらず、次式のように表すことができます。

$$W = \frac{1}{2} \Sigma_i P_i \delta_i$$

この仕事によって弾性体の内部に応力やひずみが生じるわけで、そのときに蓄えられたエネルギーをひずみエネルギー（または、弾性エネルギー）と呼びます。これを U で表すと、エネルギー保存則により

$$W = U$$

となります。

外力としてモーメント M が作用する場合は、作用点に生じる回転角 θ を変位とみなし、

$$W = \frac{1}{2} M \theta$$

として、仕事量を表すことができます。

ここではりのひずみエネルギーを考えてみましょう。はりの微小要素のひずみエネルギーを dU とすると、

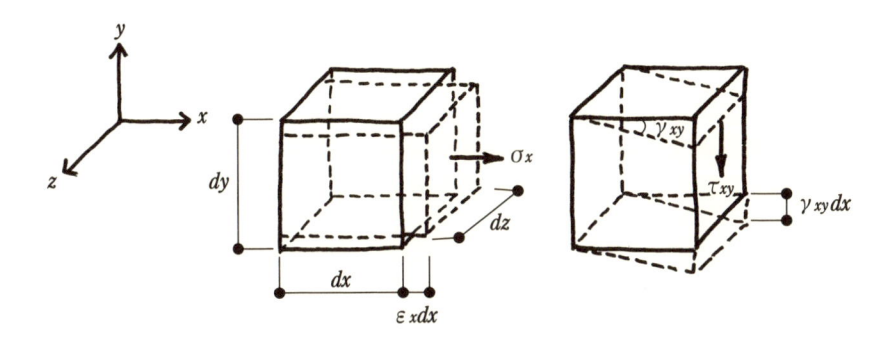

$$dU = \frac{1}{2} (\sigma_x \varepsilon_x + \tau_{xy} \gamma_{xy}) \, dx \, dy \, dz$$

と表され、せん断変形が小さいと仮定できる一般的なはりでは、次式で近似できます。

$$dU \fallingdotseq \frac{1}{2} (\sigma_x \varepsilon_x) \, dx \, dy \, dz$$

一方、$\sigma_x = \dfrac{M}{I_z} y$ 、$\varepsilon_x = \dfrac{\sigma_x}{E} = \dfrac{M}{EI_z} y$

であるから、これらを dU の式に代入すると、

$$dU = \frac{M^2}{2\,EI_z^{\,2}}\,y^2\,dx\,dy\,dz$$

ここで、$dy\,dz = A$、はりの全長を l とすると、

$$dU = \int_0^l \left(\int_A \frac{M^2}{2\,EI_z^{\,2}}\,y^2\,dA \right) dx$$

$$= \int_0^l \left(\frac{M^2}{2\,EI_z^{\,2}} \int_A y^2\,dA \right) dx = \int_0^l \frac{M^2}{2\,EI_z}\,dx$$

弾性体に作用する外力と変形に関して、弾性体のひずみエネルギー U と外力 P_i、および外力作用方向の変位 δ_i の間には次式の関係が成立します。これをカスティリアーノ（Castigliano）の定理と呼びます。つまり、外力作用方向の変位 δ_i は、弾性変形の仕事の P_i についての偏微分係数ということになります。

$$\delta_i = \frac{\partial U}{\partial P_i}$$

この定理を利用すると、さきほどのモールの定理と同様、微分方程式を導く必要がないので、特定の点における変位や反力を求める場合に重宝する解法です。では、カスティリアーノの定理を使って次の例題を解いてみることにしましょう。

[計算例]

次図のような等分布荷重 w が作用する片持ちばりの先端のたわみを求めなさい。ただし、はりの曲げ剛性 EI は全長にわたって一定とします。

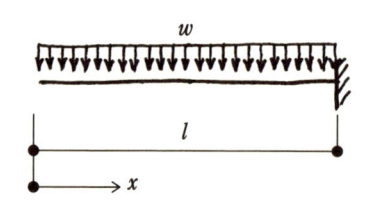

　例題のように、たわみを求めようとする方向に荷重がない場合は、片持ちばりの先端に仮想の集中荷重$\overline{P}$を作用させます。すると、曲げモーメントは次式で表すことができます。

$$M = -\frac{1}{2}wx^2 - \overline{P}x$$

ここでカスティリアーノの定理より、

$$\delta_i = \frac{\partial U}{\partial \overline{P}} = \frac{\partial\left(\int_0^l \frac{M^2}{2EI}\right)}{\partial M}\frac{\partial M}{\partial \overline{P}}dx = \int_0^l \frac{M}{EI}\frac{\partial M}{\partial \overline{P}}dx$$

たわみδはこれら2式より、

$$\delta = \frac{1}{EI}\int_0^l\left(-\frac{1}{2}wx^2 - \overline{P}x\right)\frac{\partial M}{\partial \overline{P}}dx$$

また、Mを$\overline{P}$で微分すると、$\dfrac{\partial M}{\partial \overline{P}} = -x$より、

$$\delta = \frac{1}{EI}\int_0^l\left(-\frac{1}{2}wx^2 - \overline{P}x\right)(-x)dx$$

と求められます。実際に集中荷重$\overline{P}$は作用していないので、$\overline{P} = 0$とおくと、

$$\delta = \frac{1}{EI}\int_0^l\left(\frac{1}{2}wx^3\right)dx = \frac{wl^4}{8EI}$$

④ 仮想の外力をかけて解く方法（仮想仕事法）

　ある質点が空間上で力を受けてつりあっているとき、その合力をRとすると、

$$R_x = R_y = R_z = 0$$

となります。ここで、つりあい状態を維持しつつ、仮想上の微小変位δを質点に与える時、その仕事Wを仮想仕事と呼びます。すなわち、

$$W = R\cdot\delta = R_x\delta_x + R_y\delta_y + R_z\delta_z$$

で表すことができ、さきほどのつりあい式から、

$$W = 0$$

となります。また、$W = 0$ が成り立つとき、反対に仮想変位をどのように
とっても $R = 0$ となり、その質点はつりあっていると言えます。これを仮
想仕事の原理と呼びます。

　この原理を物体に適用すると、外力のなす仮想仕事は次式で表されます。

$$\overline{W_0} = \Sigma P_i \overline{\delta_i} + \Sigma R \overline{r}$$

> ここで、P_i：i 点に作用する荷重
> $\overline{\delta_i}$：仮想変位を与えたときの i 点の P_i 方向変位
> R：反力
> $\overline{r}$：仮想変位を与えたときの反力点の R 方向変位

内力（応力）のなす仮想仕事を $\overline{W_i}$ とすると、つりあい状態にある物体
では仮想仕事がゼロ、すなわち

$$\overline{W_0} + \overline{W_i} = 0$$

となります。

　棒材の場合、軸方向の応力とひずみだけ考えれば、その他の応力による
仕事を無視できることが多いので、

$$\overline{W_0} = \int_V \sigma \overline{\varepsilon} \, dV = \int_l \int_A \sigma \overline{\varepsilon} \, dA \, dx$$

　この式に

$$\sigma = \frac{N}{A} + \frac{M}{I} y 、\quad \varepsilon = \frac{\sigma}{E}$$

を代入すると、

$$\overline{W_0} = \iint \left(\frac{N}{A} + \frac{M}{I} y \right) \left(\frac{\overline{N}}{EA} + \frac{\overline{M}}{EI} y \right) dA \, dx$$

　ここで、

$$\int dA = A, \quad \int y dA = 0, \quad \int y^2 dA = I$$

を用いて式を展開すると、

$$\overline{W_0} = \Sigma P_i \overline{\delta_i} + \Sigma R \overline{r} = \int \frac{N\overline{N}}{EA} dx + \int \frac{M\overline{M}}{EI} dx$$

また、仮想の外力と実際のひずみに対しては、

$$\Sigma \overline{P_i} \delta_i + \Sigma \overline{R} r = \int \frac{\overline{N}N}{EA} dx + \int \frac{\overline{M}M}{EI} dx$$

の式が得られます。この式は非常によく使う式なので、覚えておくと良いと思います。では、仮想仕事法を使って片持ちばりのたわみを求めてみることにしましょう。

⎡計算例⎤

　次図のような等分布荷重 w が作用する片持ちばりの先端のたわみを求めなさい。ただし、はりの曲げ剛性 EI は全長にわたって一定とします。

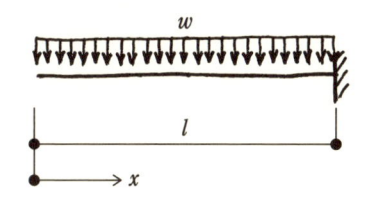

⎡解　説⎤

　まず、片持ちばりに等分布荷重が作用する場合の曲げモーメントを求めます。

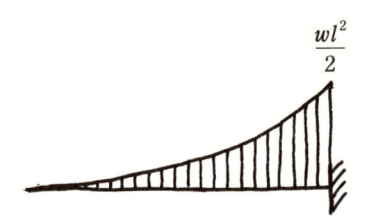

$$\frac{wl^2}{2}$$

　次に、たわみを求めようとする方向に、次図のように仮想外力 $\overline{P} = 1$ を作用させます。このとき、たわみを求めようとする位置に仮想外力を作用させることに注意してください。

$$\overline{P} = 1$$

　それぞれのモーメントを x の関数で表すと、

$$M = -\frac{1}{2}wx^2$$

$$\overline{M} = -\overline{P}x$$

となります。仮想仕事の原理により、

$$\overline{P}\,\delta = \int \frac{M\overline{M}}{EI}\,dx = \frac{1}{EI}\int_0^l\left(-\frac{1}{2}wx^2\right)\left(-\overline{P}x\right)dx$$

ここで、$\overline{P} = 1$ より、

$$\delta = \frac{w}{2EI}\int_0^l x^3 dx = \frac{wl^4}{8EI}$$

　なお、先端の回転角 θ を求めるには、仮想モーメント荷重 $\overline{M} = 1$ を回転を求めたい先端に作用させればよく、次式のように表すことができます。

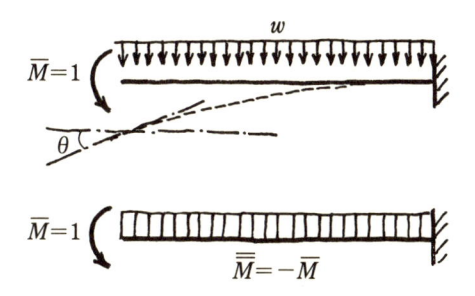

それぞれのモーメントは

$$M = -\frac{1}{2}wx^2$$

$$\overline{\overline{M}} = -\overline{M}$$

$$\overline{M}\,\theta = \int \frac{M\overline{\overline{M}}}{EI}\,dx = \frac{1}{EI}\int_0^l\left(-\frac{1}{2}wx^2\right)(-\overline{M})\,dx$$

ここで、$\overline{M} = 1$　より、

$$\theta = \frac{w}{2EI}\int_0^l x^2\,dx = \frac{wl^3}{6EI}$$

と求めることができます。

　カスティリアーノの定理による方法も仮想仕事法による方法も、どちらも同じことをやっていることになりますが、見比べてわかるように仮想仕事法の方は、先に微分を済ませている分、式が簡単になります。

ジャムセッションから学ぶこと

今年からベースギターを背負ってジャムセッションに参加し始めた。もちろん、初心者対象のセッションにである。少ない制約で自由に演奏して楽しみたいというのが、そもそもの動機である。本来、音楽を楽しむのに初心者もへったくれもないが、なかなかそうはいかない。気持ち良くセッションできる場所を選ぶことが肝心だ。

Cissy Strut や Chameleon といった、通称「4C」と呼ばれる定番曲もあるが、ブルースや1コードセッションなら譜面も要らず、演奏に集中できる。最初にキーとテンポなど簡単な申し合わせをしたあと、そのときに顔を合わせた参加者がドラム、ギター、キーボード、管楽器など互いの音を聴きながら、それを音で返していく。

ジャムセッションを実際にやってみると、いろいろなことに気づかされる。他人の音を「聴く」ことの難しさ。弾くことに意識が偏ると周りが見えなくなる。演奏が一つにまとまるために、アイコンタクトが欠かせない。アドリブをするにも、ある程度「引き出し」が必要だ。また、上手い人ほど周りを引き立て、気持ち良くプレイさせてくれる。参加者が互いに相手のことを思いやって、初めて一つにまとまることができる。

ベースを弾きながら実感することは、建築設計はセッションそのものだということである。設計ではじつにさまざまな人が介在する。設計者、クライアント、メーカー、施工者、役人など、何をするにも会話が欠かせない。とくに計画初期の段階で、関係者がイメージを共有し、同じベクトルをもたないと中途半端な建築物にしかならない。ジャムセッションが音のコミュニケーションなら、設計はイメージのコミュニケーションと言えよう。仕事以外のことから学ぶことは意外に多い。

第4章

不静定構造

第1節 | 1次不静定構造

① 不静定なんかこわくない

　不静定構造物を簡単に解く方法として、不静定次数分の固定度を減らしていったん静定構造物にする方法があります。以下、具体的な例で解説します。

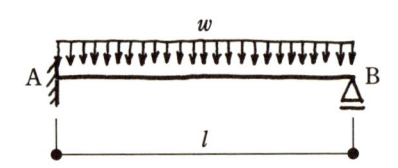

　上図のように先端がローラー支持され、鉛直方向に等分布荷重が作用する片持ちばりを考えます。この場合、不静定次数は1です。そこで、先端のローラー支点をはずした静定構造物を考え、はり先端のたわみを δ とします。このたわみをゼロにするような不静定力をローラー支点の反力ととらえることにより、不静定構造物を解くことができます。その概念を下図に示します。

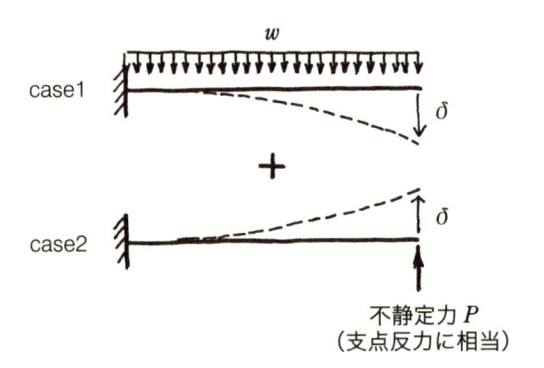

　片持ちばり先端のたわみ δ_0 は、公式より

$$\delta_0 = \frac{wl^4}{8EI}$$

一方、片持ちばりの先端に集中荷重$-P$（上向き）が作用する場合のたわみδ_1は

$$\delta_1 = \frac{-P l^3}{3 EI}$$

先端のたわみがゼロであることから、　$\delta_0 + \delta_1 = 0$

したがって、

$$\delta_0 + \delta_1 = \frac{wl^4}{8 EI} + \frac{-P l^3}{3 EI} = 0$$

　これより、$P = \dfrac{3 wl}{8}$ と求められます。また、部材応力はこれらの荷重ケースを重ね合わせて求めることができ、次図のようになります。

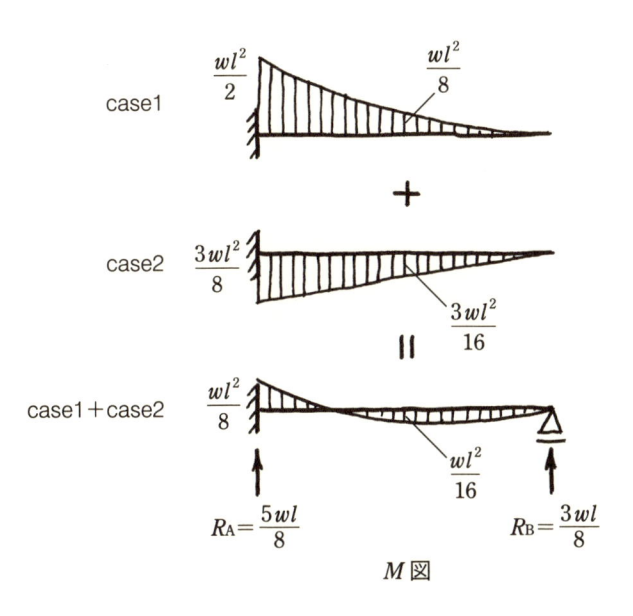

M図

　仮想の静定構造物はこれだけでなく、いくつも考えられます。たとえば、次のような単純ばりを仮想の静定構造物とみなして同じモデルを解いてみましょう。

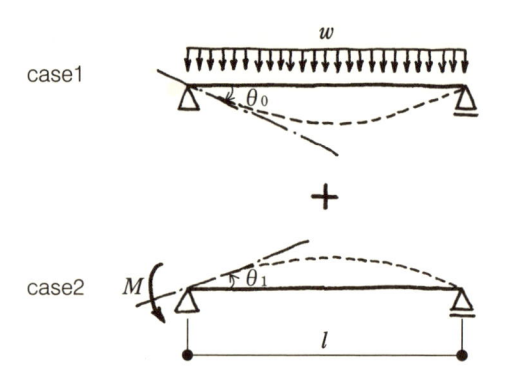

　この場合は、モーメントが不静定力になります。単純ばりとみなすことにより、左端には回転角 θ_0 が生じますが、これを打ち消すだけのモーメントを左端に作用させると、回転角がゼロとなり固定端に等しくなります。

　等分布荷重が作用する単純ばりの回転角 θ_0 は、第3章第3節「高校物理の知識（微分方程式）を使って解く方法」（141頁）のところで解説した次式により求めることができます。すなわち、

$$M = \frac{w}{2}\left(l\,x - x^2\right) \quad \text{より}$$

$$\theta_0 = -\int \frac{w(l\,x - x^2)}{2\,EI}\,dx + C_0$$

$$= -\frac{w}{2\,EI}\left(\frac{l}{2}x^2 - \frac{x^3}{3}\right) + C_0$$

ここで、$x = \dfrac{l}{2}$ のとき、$\theta_0 = 0$ より　$C_0 = \dfrac{wl^3}{24\,EI}$

したがって、$x = 0$ のとき、$\theta_0 = \dfrac{wl^3}{24\,EI}$

　一方、モーメントを左端に作用させた場合の回転角 θ_1 は、$-M/EI$ を分布荷重とみなして Q と M を求めれば、それらがそれぞれ θ と y になること

を利用して得られます。分布荷重を集中荷重 P に置きなおすと、

$$P = \frac{1}{2}\frac{Ml}{EI} = \frac{Ml}{2EI}$$

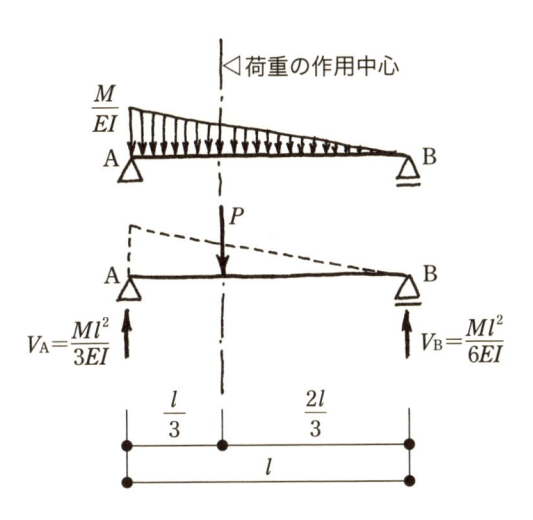

B点まわりのつりあいより、

$$V_A \times l - P \times \frac{2l}{3} = V_A \times l - \frac{Ml}{2EI} \times \frac{2l}{3} = 0$$

$$\therefore V_A = \theta_1 = \frac{Ml}{3EI}$$

一方、$\theta_0 = \theta_1$ より、

$$\frac{wl^3}{24EI} = \frac{Ml}{3EI} \qquad \therefore M = \frac{wl^2}{8}（不静定力モーメント）$$

$$R_A = \frac{wl}{2} + \frac{M}{l} = \frac{wl}{2} + \frac{wl}{8} = \frac{5wl}{8}$$

$$R_B = wl - \frac{5wl}{8} = \frac{3wl}{8}$$

以上より、いずれの解き方でも同じ結果が得られることがわかると思います。ほかの解き方についてもぜひチャレンジしてみてください。

② 既知の不静定を使って解く

　前項ではいったん静定構造物にして解く方法を解説しましたが、ここでは同じ例題に対して既知の不静定構造物を使い、変位を未知数にとる方法を解説します。

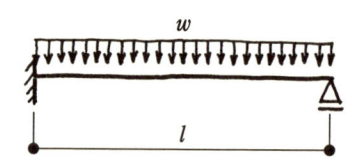

　まず計算の前提として、両端固定ばりに等分布荷重が作用した場合（case1）と一端固定、他端ローラーの支持端に単位回転角 $\theta_1 = 1$ を与えた場合（case2）の応力が、次図のように解けているものとします。

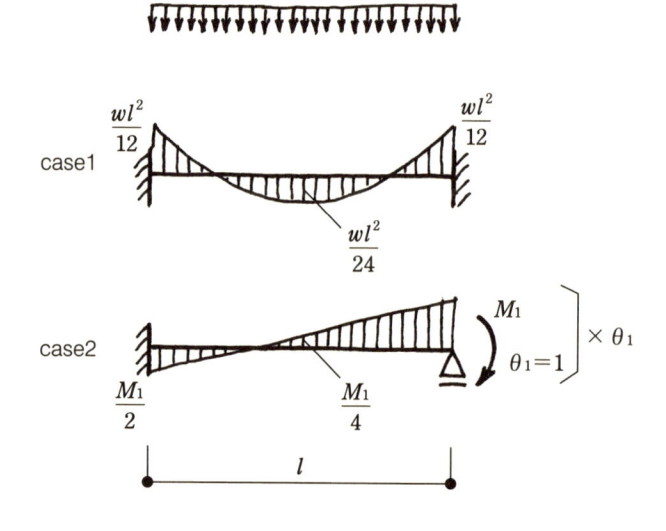

解こうとする右端のモーメントはゼロであるから、次の等式が成り立ちます。すなわち、

$$M = \frac{1}{12}wl^2 + M_1\theta_1 = 0$$

$$\therefore M_1\theta_1 = -\frac{1}{12}wl^2 = M_1 \quad (\because \theta_1 = 1)$$

　したがって、次のように曲げモーメント図が得られ、前項の応力図と一致することがわかります。

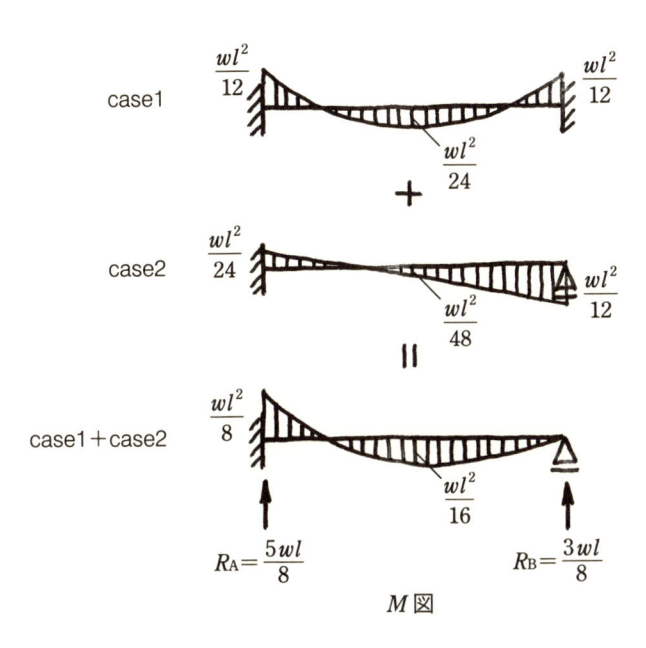

M 図

第2節 ｜ 高次不静定構造

① 活用度の高いたわみ角法で解く（1）

　本節からいよいよ高次不静定問題に入ります。たわみ角法とは、材端のたわみ角（節点角）と部材角を未知数とする変位法の代表的な解法です。よく使われるので覚えておくと良いでしょう。

　ここでは計算仮定として、微小変形であること、直線の弾性部材で断面は一定、節点は剛で部材の伸びやせん断変形は無視するものとします。

（1）基本式の誘導

　下図に示すように、長さ l、曲げ剛性 EI の直線材 AB に材端モーメント M_{AB}、M_{BA}、節点回転角 θ_A、θ_B、部材角 R および節点の相対変位差 δ が生じている場合を考えます。

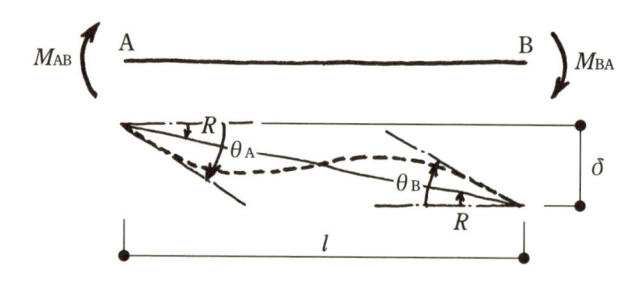

　次図に示すような単純ばりを考え、端部に単位モーメント荷重を作用させた場合の節点回転角を仮想仕事法により求めると次式のようになります。

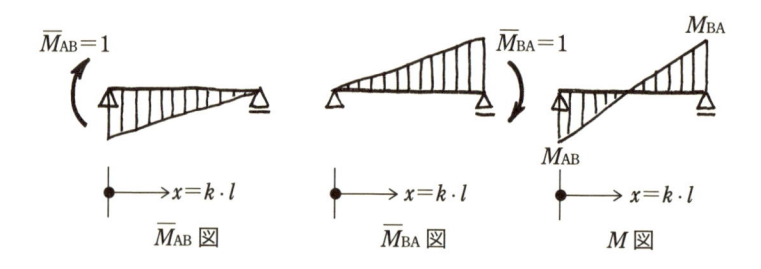

$$\overline{M}_{AB} = 1 - k \; , \; \overline{Q}_{AB} = -\frac{1}{l}$$

$$\overline{M}_{BA} = -k \; , \; \overline{Q}_{BA} = -\frac{1}{l}$$

$$M = M_{AB}(1 - k) - M_{BA}k$$

A、B 端の節点回転角 θ_A、θ_B は、部材角 R を含めると、それぞれ次式で表すことができます。

$$\theta_A - R = \int \frac{M\overline{M}_{AB}}{EI} dx = \overline{M}_{AB} l \int_0^1 \frac{(1-k)^2}{EI} dk - \overline{M}_{BA} l \int_0^1 \frac{(1-k)k}{EI} dk$$

$$= \frac{l}{EI} \left(\frac{\overline{M}_{AB}}{3} - \frac{\overline{M}_{BA}}{6} \right)$$

$$\theta_B - R = \int \frac{M\overline{M}_{BA}}{EI} dx = -\overline{M}_{AB} l \int_0^1 \frac{(1-k)k}{EI} dk + \overline{M}_{BA} l \int_0^1 \frac{(1-k)^2}{EI} dk$$

$$= \frac{l}{EI} \left(-\frac{\overline{M}_{AB}}{6} + \frac{\overline{M}_{BA}}{3} \right)$$

これら 2 式より、

$$M_{AB} = \frac{2EI}{l}(2\theta_A + \theta_B - 3R)$$

$$M_{BA} = \frac{2EI}{l}(\theta_A + 2\theta_B - 3R)$$

が得られます。さらに、

$$Q = -\frac{M_{AB} + M_{BA}}{l} \quad \text{より}$$

$$Q = \frac{2EI}{l^2}(-3\theta_A - 3\theta_B + 6R)$$

が導かれます。また、直線材 AB に中間荷重が作用する場合は、両端に固定端モーメントが生じるのでこれを加えるだけです。

　以上を整理すると、長さ l、曲げ剛性 EI の直線材 AB に中間荷重を考慮

した材端モーメントは次式のようになります。

$$M_{AB} = \frac{2EI}{l}(2\theta_A + \theta_B - 3R) + C_{AB}$$

$$M_{BA} = \frac{2EI}{l}(\theta_A + 2\theta_B - 3R) + C_{BA}$$

ここで、C_{AB}、C_{BA} は A、B 端の固定端モーメント

さらに、剛度を $K = I/l$、剛比を $k = K/K_0$（K_0：標準剛度）と定義し、$\varphi_A = 2EK_0\theta_A$、$\varphi_B = 2EK_0\theta_B$、$\psi = -6EK_0R$ とおけば、

$$M_{AB} = k(2\varphi_A + \varphi_B + \psi) + C_{AB}$$
$$M_{BA} = k(\varphi_A + 2\varphi_B + \psi) + C_{BA}$$

と表現できます。

（2）一端ピンの場合の基本式

前項において、直線材 AB の材端モーメント $M_{BA} = 0$ とおくと、

$$M_{BA} = \frac{2EI}{l}(\theta_A + 2\theta_B - 3R) = 0 \ \text{より}$$

$$\theta_B = -\frac{\theta_A}{2} + \frac{3R}{2}$$

$$\therefore M_{AB} = \frac{2EI}{l}(1.5\theta_A - 1.5R) = k(1.5\varphi_A + 0.5\psi)$$

$$Q = -\frac{2EI}{l}(1.5\theta_A - 1.5R)$$

（3）節点移動のない不静定ラーメン

ここでは、節点移動のない不静定ラーメンを取り上げて考えます。節点移動がなければ部材角が生じないので、節点方程式だけで解くことができます。(2)で求めた基本式を使って、具体的に簡単な計算例で考えてみることにしましょう。

計算例

　図のような中間荷重が作用するラーメンをたわみ角法で解き、応力図を描きなさい。ただし、柱はりの曲げ剛性 EI は全長にわたって一定とします。

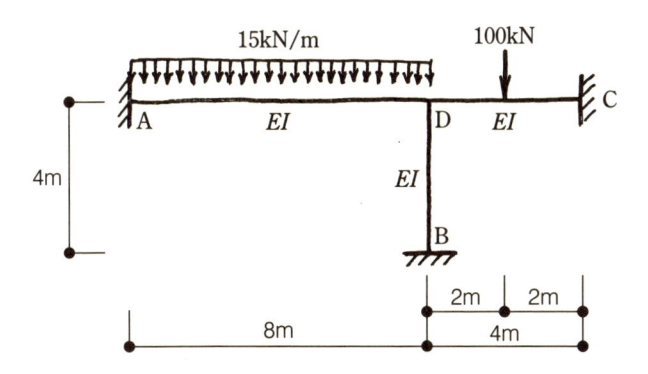

解　説

　支点 A、B、C は固定端であるから、節点回転角はゼロとなります。すなわち、

$$\theta_A = \theta_B = \theta_C = 0$$

$$\therefore \varphi_A = \varphi_B = \varphi_C = 0$$

節点移動がないので部材角もゼロとなります。すなわち、

$$R_A = R_B = R_C = 0$$

$$\therefore \psi_A = \psi_B = \psi_C = 0$$

また、各部材の剛度は、

$$K_{AD} = \frac{I}{8}、\quad K_{BD} = \frac{I}{4}、\quad K_{CD} = \frac{I}{4}$$

となるので、AD 材の剛度 K_{AD} を標準剛度にとると、各部材の剛比 k は次のように得られます。

$$K_{AD} = 1、\quad K_{BD} = \frac{K_{BD}}{K_{AD}} = 2、\quad K_{CD} = \frac{K_{CD}}{K_{AD}} = 2$$

以上より、(1)で導いたたわみの基本式を各部材 AD、BD、CD について
表すと、次の 6 式が得られます。

$$M_{AD} = \varphi_D + C_{AD}$$

$$M_{DA} = 2\,\varphi_D + C_{DA}$$

$$M_{BD} = 2\,\varphi_D$$

$$M_{DB} = 4\,\varphi_D$$

$$M_{CD} = 2\,\varphi_D + C_{CD}$$

$$M_{DC} = 4\,\varphi_D + C_{DC}$$

一方、中間荷重による固定端モーメントは、公式を利用して次のように
求められます。

$$C_{AD} = -\frac{15 \times 8^2}{12} = -80\ \text{kNm}$$

$$C_{DA} = \frac{15 \times 8^2}{12} = 80\ \text{kNm}$$

$$C_{DC} = -\frac{100 \times 4}{8} = -50\ \text{kNm}$$

$$C_{CD} = \frac{100 \times 4}{8} = 50\ \text{kNm}$$

さて、次に点 D における節点方程式ですが、つりあい状態にあるので次
式のように表すことができます。

$$\Sigma\,M_D = M_{DA} + M_{DB} + M_{DC} = 0$$

この式に、以上の結果を代入すると、未知数 $\varphi_D\ (= 2EK_0\,\theta_B)$ だけの式
になります。すなわち、

$$2\,\varphi_D + C_{DA} + 4\,\varphi_D + 4\,\varphi_D + C_{DC}$$

$$= 2\,\varphi_D + 80 + 4\,\varphi_D + 4\,\varphi_D - 50 = 10\,\varphi_D + 30 = 0$$

$$\therefore \varphi_D = -3$$

以上より、材端モーメントは次のように求めることができます。

$$M_{AD} = -3 - 80 = -83\ \text{kNm}$$

$$M_{DA} = -6 + 80 = 74\ \text{kNm}$$

$M_{BD} = -6\,\text{kNm}$

$M_{DB} = -12\,\text{kNm}$

$M_{CD} = -6 + 50 = 44\,\text{kNm}$

$M_{DC} = -12 - 50 = -62\,\text{kNm}$

これらの結果をもとに、以下の応力図を描くことができます。

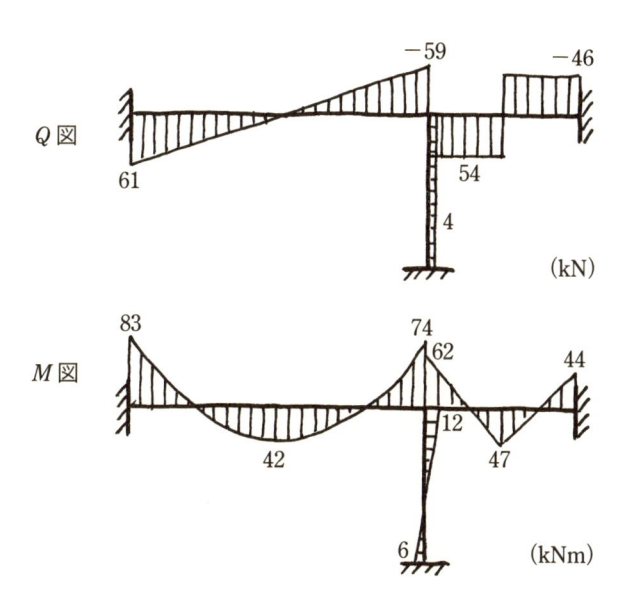

② 活用度の高いたわみ角法で解く（2）

　前項では節点移動のない不静定ラーメンの解き方について解説しました。本項では、節点移動のある不静定ラーメンを取り上げて考えます。この場合は、部材角が生じるので節点方程式に加え、層方程式（別名、せん力方程式）を立てて解く必要があります。

（1）有効剛比について

　図に示すような水平力 P が作用する一端ピン柱脚のラーメンについて、

節点方程式と層方程式を立ててみましょう。ここで、$k_1 \sim k_3$ は剛比を表すものとします。

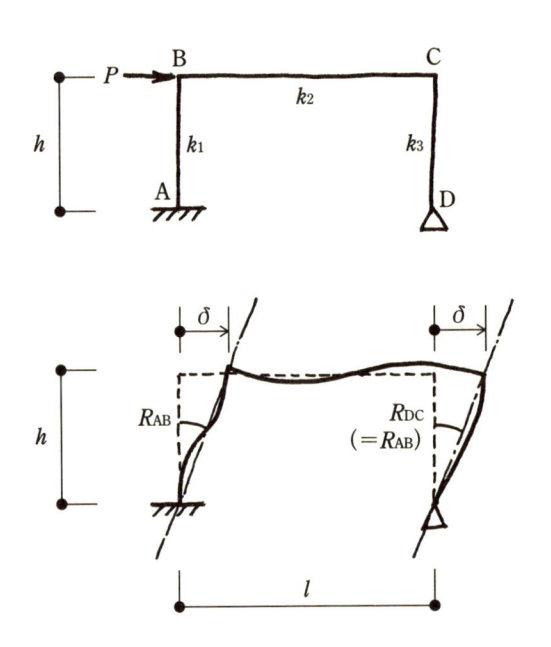

節点方程式の基本式に、次の与条件を代入します。

$\quad \varphi_A = 0$ （A 端は固定であるから）

$\quad \psi_{AB} = \psi_{DC} = \psi$ （点 B、C の水平変位が等しいから）

$\quad \psi_{BC} = 0$ （はりの部材角は生じないから）

柱：$M_{AB} = k_1 (\varphi_B + \psi)$

$\quad M_{BA} = k_1 (2 \varphi_B + \psi)$

$\quad M_{DC} = k_3 (2 \varphi_D + \varphi_C + \psi)$

$\quad M_{CD} = k_3 (\varphi_D + 2 \varphi_C + \psi)$

はり：$M_{BC} = k_2 (2 \varphi_B + \varphi_C)$

$\quad M_{CB} = k_2 (\varphi_B + 2 \varphi_C)$

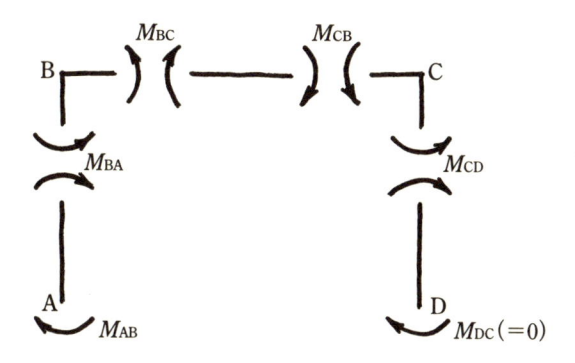

　各部材を上図のように分割して応力を表すと、点 B、点 C での節点方程式は

$$M_{BA} + M_{BC} = 0$$

$$\therefore 2(k_1 + k_2)\varphi_B + k_2\varphi_C + k_1\psi = 0$$

$$M_{CB} + M_{CD} = 0$$

$$\therefore k_2\varphi_B + 2(k_2 + k_3)\varphi_C + k_3\varphi_D + k_3\psi = 0$$

ここで、次図より層方程式を立てます。

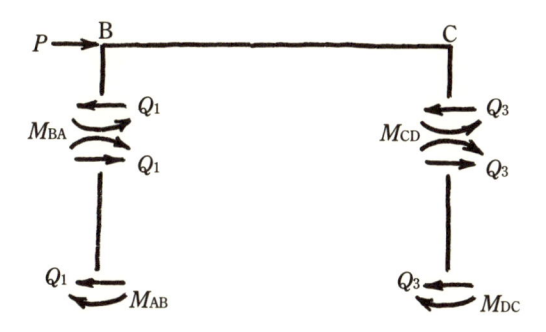

水平方向の力のつりあいより

$$P - Q_1 - Q_3 = 0$$

ここで、$Q_1 = -\dfrac{M_{AB} + M_{BA}}{h}$

$$Q_3 = -\frac{M_{DC} + M_{CD}}{h}$$

$$\therefore \frac{M_{AB} + M_{BA}}{h} + \frac{M_{DC} + M_{CD}}{h} = -P$$

　この式にさきほどの M_{AB}、M_{BA}、M_{DC}、M_{CD} の値を代入すると、方程式は未知数と係数を分離して次のように整理できます。

方程式		φ_B	φ_C	φ_D	ψ	右辺荷重項
節点	B	$2(k_1 + k_2)$	k_2	0	k_1	0
	C	k_2	$2(k_2 + k_3)$	k_3	k_3	0
	D	0	k_3	$2k_3$	k_3	0
層		k_1	k_3	k_3	$\dfrac{2(k_1 + k_3)}{3}$	$-\dfrac{Ph}{3}$

φ_B	φ_C	ψ	右辺荷重項
$2(k_1 + k_2)$	k_2	k_1	0
k_2	$2\left(k_2 + \dfrac{3}{4}k_3\right)$	$\dfrac{1}{2}k_3$	0
k_1	$\dfrac{1}{2}k_3$	$\dfrac{2}{3}\left(k_1 + \dfrac{1}{4}k_3\right)$	$-\dfrac{Ph}{3}$

　これら二つの表について k_3 の係数を比較すると、一端ピン部材は見かけ上、たわみ角、部材角、層剛性に対して、それぞれ 3/4、1/2、1/4 倍の有効剛比をもつと考えることができます。言い換えると、この有効剛比を使えば、最初から φ_D を消去した式が書けるということです。また、有効剛比は次のような工学的意味をもつことを理解しておいてください。

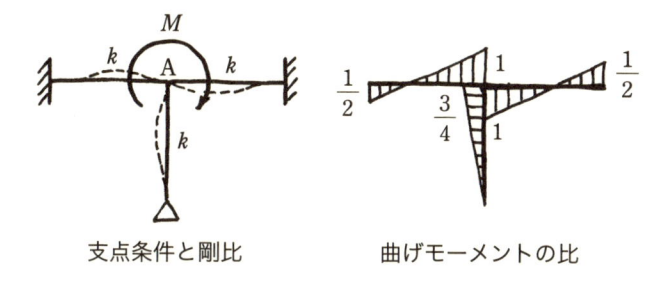

支点条件と剛比　　　　　曲げモーメントの比

同一部材角 ψ に対して

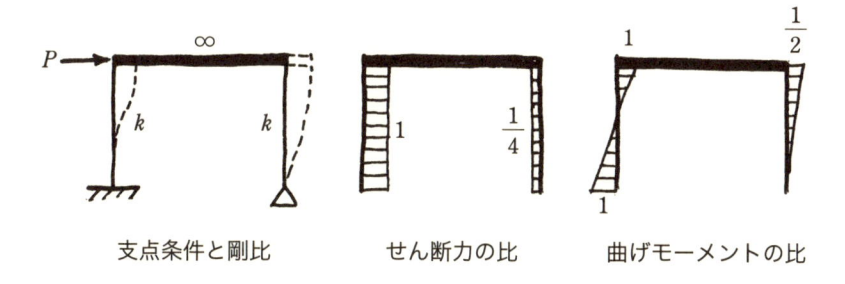

支点条件と剛比　　　せん断力の比　　　曲げモーメントの比

（2）節点移動のある不静定ラーメン

計算例

　図に示すような水平力 P が作用する一端ピン柱脚のラーメンを解き、応力図を描きなさい。

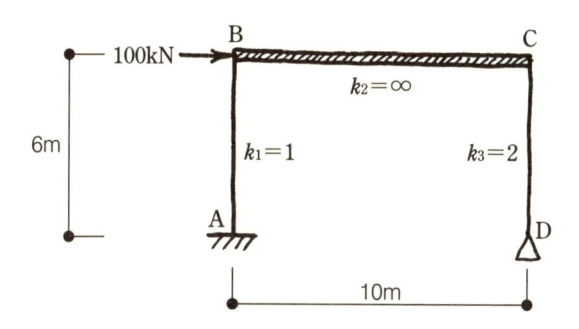

はり部材の剛性が無限大であることから、$\varphi_B = \varphi_C = 0$

未知数は ψ と φ_D の二つあるので、方程式も二つあれば解くことができます。荷重項が含まれる層方程式

$$\frac{2}{3}\left(k_1 + \frac{1}{4} k_3\right)\psi = -\frac{Ph}{3}$$

に $k_1 = 1$、$k_3 = 2$、$P = 100\,\mathrm{kN}$、$h = 6\,\mathrm{m}$ を代入すると、

$$\frac{2}{3}\left(1 + \frac{1}{2}\right)\psi = -\frac{100 \times 6}{3} \qquad \therefore \psi = -200$$

$$M_{AB} = M_{BA} = k_1 \psi = -200\,\mathrm{kNm}$$

一方、

$$k_3\,\varphi_D = 2\,\varphi_D = -\psi \qquad \therefore \varphi_D = -\frac{\psi}{2}$$

となるので、

$$M_{CD} = k_3(2\,\varphi_C + \varphi_D + \psi) = 2 \times \frac{\psi}{2} = -200\ \mathrm{kNm}$$

以上の結果より、次の応力図が得られます。

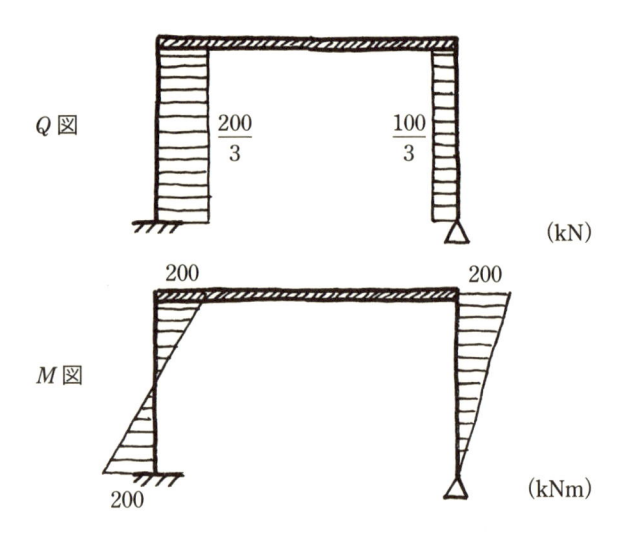

このような例題の場合、方程式を立てなくても同一部材角ψに対する有効剛比の工学的意味がわかっていれば、直ちに上の応力図を描くことができます。これをさらに発展させて考えると、はりの剛性が無限大の多スパンラーメン架構の場合は、同じ長さの柱が並んでいるとき、柱頭柱脚のモーメントの大きさは、

$$M = \frac{k_i}{2\sum_1^n k_i} Ph$$

で表すことができます。

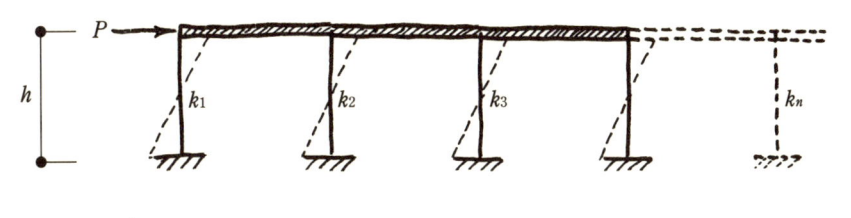

　この$\dfrac{k_i}{2\sum_1^n k_i}$が層モーメントの分配率になります。

③ 反復計算により解く方法（固定モーメント法）

　固定モーメント法は、直接材端モーメントを繰返し計算により解く方法で、別名モーメント分配法とも呼ばれます。たわみ角法が部材角や節点回転角をまず求めて応力計算するのに対し、固定モーメント法は曲げモーメント分布を直接求めることができるので、構造設計を行ううえで活用度の高い解法と言えます。

　ここでは、部材角が生じない場合について、前項でたわみ角法により解いた例題と同じモデルに対して、固定モーメント法で解くことにします。部材角が生じない場合、たわみ角法では節点方程式だけで解けましたが、固定モーメント法では分割と到達の考え方だけで解くことができます。その基本的な考え方をまず説明します。

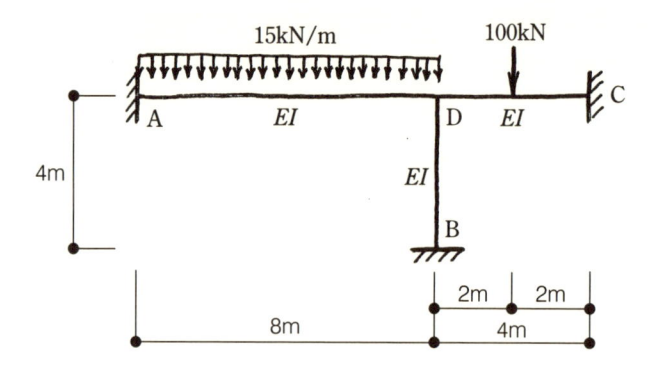

節点 D を拘束すると、荷重が作用する部材 AD と DC は、節点 D に固定端モーメント C_{DA}、C_{DC} が作用します。これらは、荷重により節点 D が回転しないようにモーメントを仮想的に作用させていることを意味します。

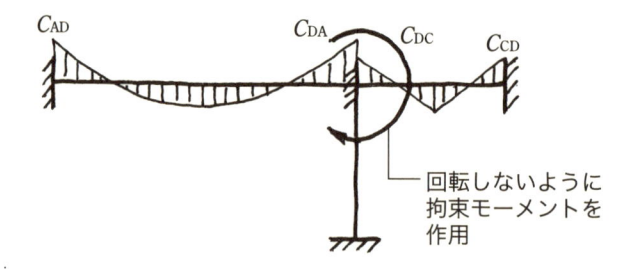

回転しないように
拘束モーメントを
作用

このときの応力図は次のとおりとなります。

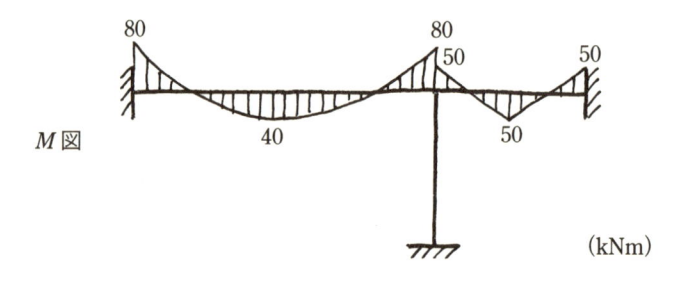

M 図

(kNm)

実際には節点 D は拘束されていないので、この固定端モーメント（C_{DA} + C_{DC}）を解除する必要があります。すなわち、固定端モーメントと同じ大きさで反対向きのモーメント（$- C_{DA} - C_{DC}$）を加えれば良いことになります。

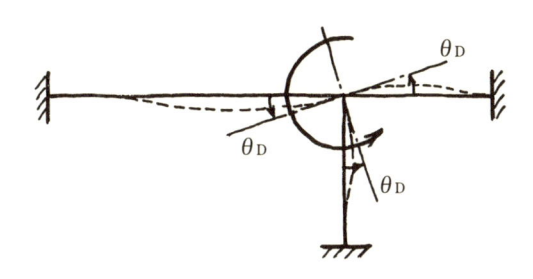

　節点 D の解除モーメントは、集まる部材 AD と DC、BD に有効剛比に応じて比例配分され、他端には分割されたモーメントに到達率を乗じたモーメントが伝わります。このとき、他端が固定されているものとして有効剛比 k と到達率 1/2 を用いますが、ピンや対称の場合は、次表に示す等価有効剛比と到達率を用いて補正します。

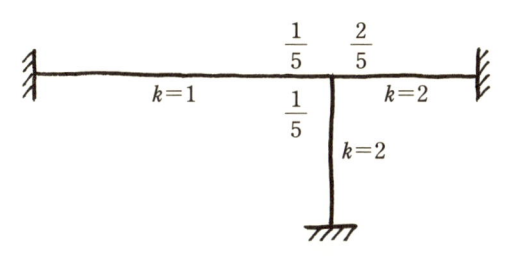

有効剛比と分割率

他端の支点条件		等価有効剛比	到達率
固定（標準）		k	$\dfrac{1}{2}$
ピン		$\dfrac{3}{4}k$	0
対称		$\dfrac{1}{2}k$	-1

これらを計算すると、解除モーメントの応力図は次のようになります。

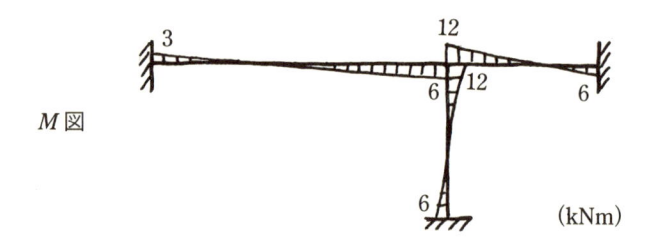

M 図 (kNm)

節点Dを拘束した場合の応力図と解除モーメントの応力図を合成させたものが求める解となります。結果は次図のようになり、先の例題の応力図と一致します。

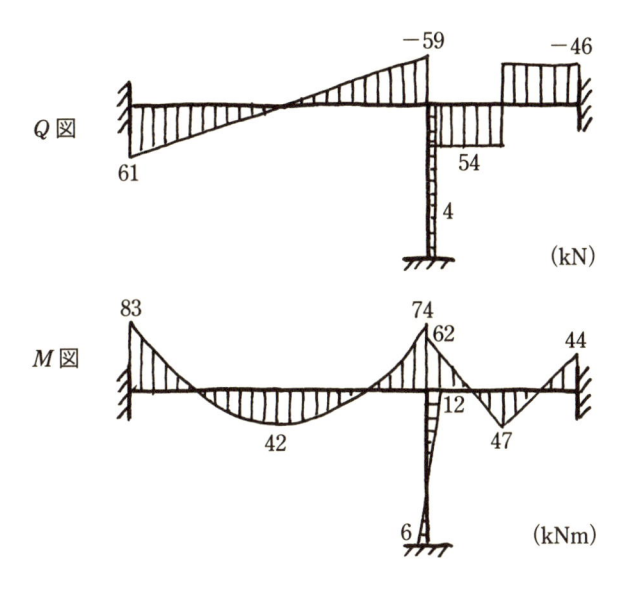

以上が基本的な考え方と操作手順ですが、次に示すような図上計算表を作成すると機械的に計算させることができます。

	はり左	はり右	柱頭	はり左		はり右
分割率		0.2	0.4	0.4		
固定端モーメント	−80	80		−50		50
分割モーメント	−3←	−6	−12	−12		−6
計	−83	74	−12	−62		−44
		柱脚	↓ −6			

これがたとえば2層2スパンラーメンであっても、各節点について順次計算していけば解くことができますが、そうすると他の節点からも分割モーメントが伝わり新たな拘束モーメントとなります。したがって、こうした過程を分割モーメントと伝達モーメントが十分小さくなるまで繰返し計算を行うことが必要となります。けっこう根気の要る作業になりますが、

まずはこうすれば手計算で解けるということを理解してください。

④ 実務に使える固定モーメント法で解く

本項では、節点が移動する場合、すなわち部材角が生じる場合について解説します。水平力が作用する場合の解法の概念は次のとおりです。

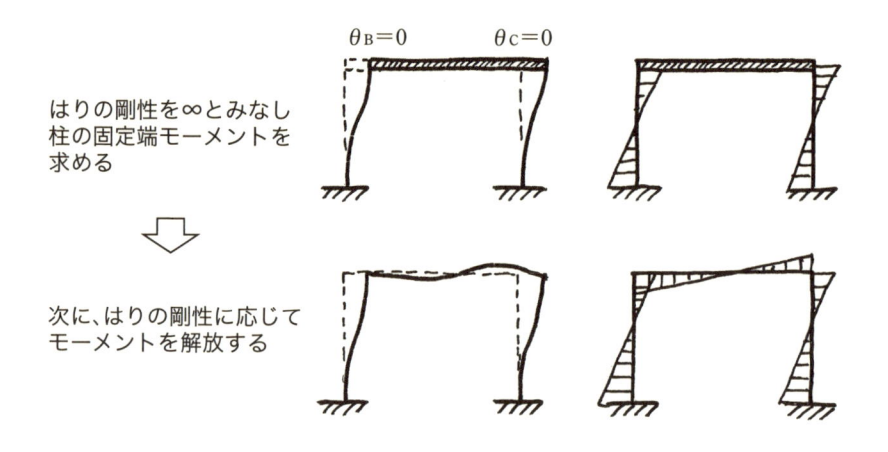

$\theta_B = 0$　　$\theta_C = 0$

はりの剛性を∞とみなし
柱の固定端モーメントを
求める

次に、はりの剛性に応じて
モーメントを解放する

では、次図に示すモデルについて具体的に解いていくことにしましょう。

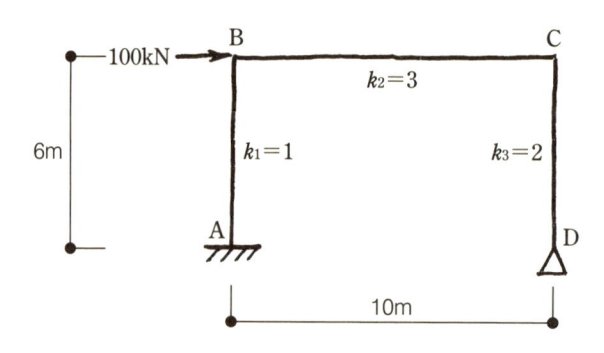

はりの剛度を無限大、すなわち柱頭 B、C の節点回転角をゼロとしたとき、固定モーメントの分配率と層モーメントの分配率は次図のようになります。

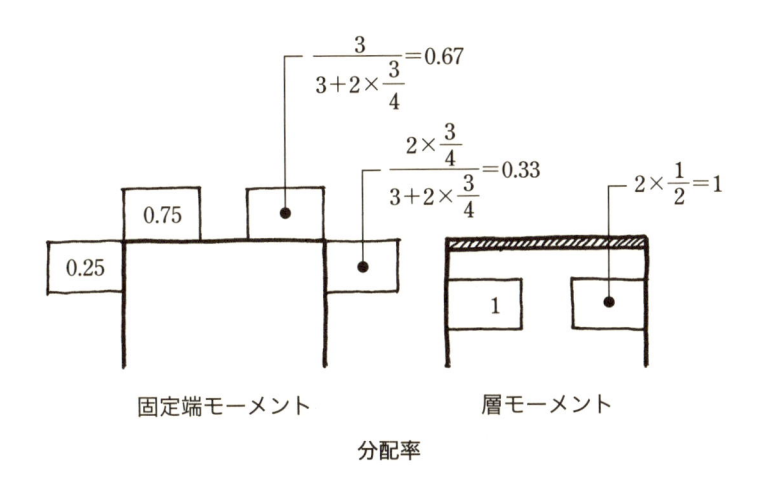

固定端モーメント　　　　　層モーメント

分配率

したがって、柱頭と柱脚の固定端モーメントは、層モーメントの分配率より、

$$C_{AB} = C_{BA} = C_{CD} = 100 \times \frac{1}{4} \times 6 = 150 \, \text{kNm}$$

と求めることができます。これらのモーメントを柱はりの剛性に応じて解除し、図上計算により求めていくと次のようになります。

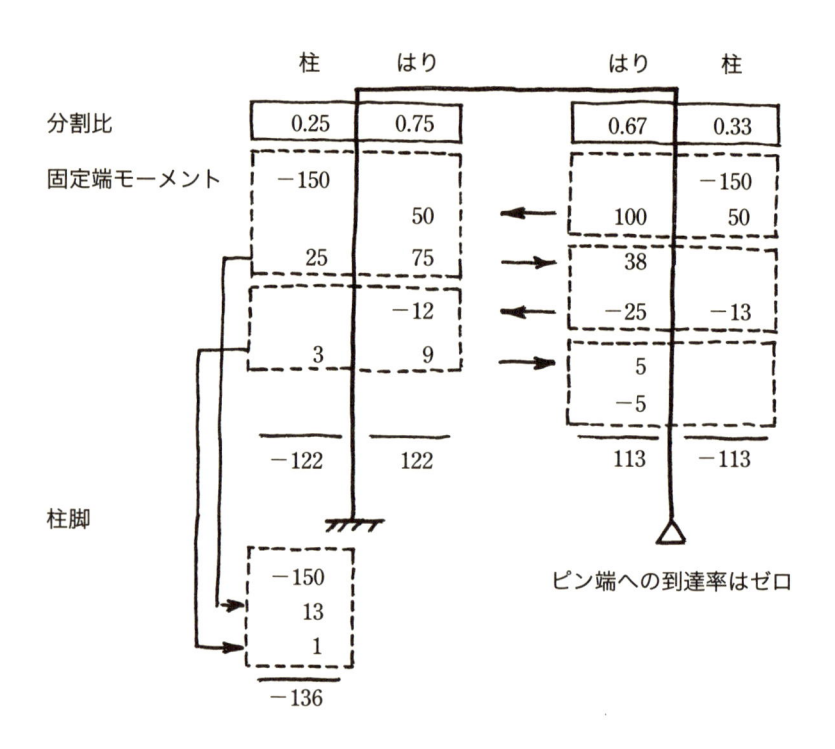

この計算では、層モーメントが

$$M = Ph = -122 - 136 - 113 = -371 \, \text{kNm}$$

の解であるから、正しい解は層モーメントの比、すなわち（－ 100 × 6)/（－ 371）= 1.62 倍する必要があります。したがって、1.62 倍した時の応力図は次のようになります。

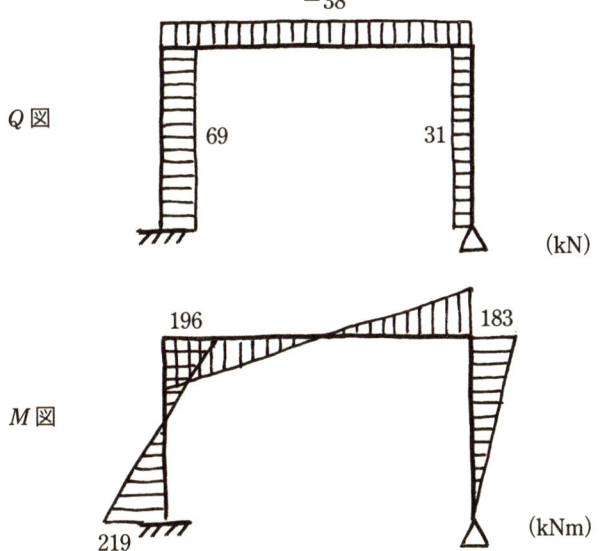

Q図 −38

69   31

(kN)

M図

196   183

219

(kNm)

なお、参考までに本節の「②活用度の高いたわみ角法で解く（2）」で示した次表で、係数 $k_1 \sim k_3$ および P、h 数値を代入して方程式を解くと、

$$\varphi_B = 23,\ \varphi_C = 19,\ \psi = -242$$

と求められます。

φ_B	φ_C	ψ	右辺荷重項
$2(k_1 + k_2)$	k_2	k_1	0
k_2	$2\left(k_2 + \dfrac{3}{4} k_3\right)$	$\dfrac{1}{2} k_3$	0
k_1	$\dfrac{1}{2} k_3$	$\dfrac{2}{3}\left(k_1 + \dfrac{1}{4} k_3\right)$	$-\dfrac{Ph}{3}$

さらに、これらから M_{AB}、M_{BA}、M_{CB} を求めると、次の結果が得られます。

$$M_{AB} = k_1(\varphi_B + \psi) = 1 \times (23 - 242) = -219\,\text{kNm}$$

$$M_{BA} = k_1(2\varphi_B + \psi) = 1 \times (46 - 242) = -196\,\text{kNm}$$

$$M_{CB} = k_2(\varphi_B + 2\varphi_C) = 3 \times (23 + 2 \times 19) = 183\,\text{kNm}$$

以上より、応力図はさきほどの結果と同じになることがわかります。

「なる夫」か「する夫」か

自社に限らず、現場見学会などで設計者が設計概要のプレゼンテーションをしたとき、必ずと言ってよいほど「……となった」という表現を耳にする。自分の力の及ばない要因でそうなったのであれば良いが、これは設計者が決めることだと思うことでも「……となった」と説明している。これを連呼されると、さすがに聴いていて不愉快になる。

たとえば、「この建物は鉄筋コンクリート造の純ラーメン架構となっています……」がそうだ。説明者本人はおそらく無意識にそういう表現を使っているだけだろうが、聞いている側からするとずいぶん頼りなく無責任に聞こえる。鉄筋コンクリート造を採用したのも、純ラーメン架構に決めたのもすべてあんたじゃないのか、と突っ込みたくもなってくる。建築関連の雑誌等に掲載する設計説明はなおさらである。記録に残るものに使う言葉ではない。要は、いったい誰が設計者なのかということである。

「……となる」なら設計者など要らない。自分の意思をもって設計しているわけであるから、「……とした」と言うべきだろう。それは構造設計者に限らず、意匠設計者や設備設計者にも当てはまる。それにしても、いかに「なる夫」の多いことか。もし、自分がクライアントで設計を依頼するなら、「なる夫」には頼まない。「する夫」に頼む。

ちょっとした言葉使いで設計者の姿勢が見え隠れしてしまうから、決しておろそかにはできない。日常から自分がモノを決めるという意識をもち、かつ正しい日本語表現を心がけておかないと、意識まで毒された「なる夫」で溢れかえる。今からでも遅くないから、自分の書いたもの、説明するものをもう一度よく見直してみる必要があると思うが、どうだろうか。

付録

一級建築士受験対策にも役立つ
力学問題アラカルト

付録を利用するにあたって

　この付録では、一級建築士の受験対策にも役立つ構造力学の問題を厳選し、解を導くためのポイントをまとめました。構造関連の学科試験は、学科IV（構造）30問と学科V（施工）25問を2時間45分の間に四枝一択式で回答するというもので、1題あたり平均3分で解答していく必要があります。ただ、別の見方をすれば、3分で解ける程度の問題であるとも言えます。とくに、基本的な力学問題を間違うと致命傷になるので、必ず正解するつもりで手をつけるようにしましょう。

　下図のような断面形状の異なる単純ばり A、B の中央に集中荷重 P が作用したとき、それぞれの曲げによる最大たわみ δ_A、と δ_B の比を求めなさい。ただし、はり A、B は同一材質の弾性部材とします。

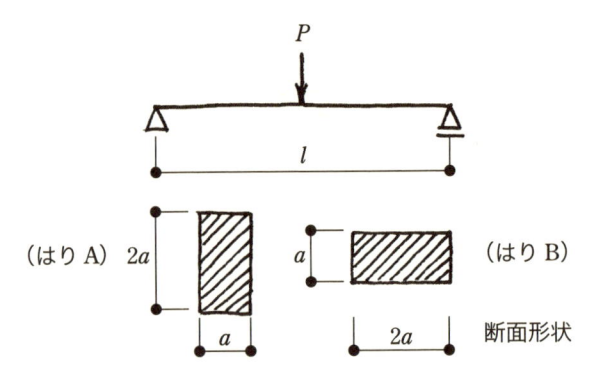

断面形状

解説

Point

① 基本的なたわみや断面性能の公式を暗記しておく。

② 比を求める問題は最後まで比率だけで計算する。

　この問題はたわみの公式を知っていれば解けたも同然です。単純ばりに集中荷重 P が作用するときの最大たわみ δ は、次式で表されます。

$$\delta = \frac{P l^3}{48 EI}$$

　たわみ式で、はり A、B とも P、E、l が共通なので、たわみの大きさは断面 2 次モーメント I に反比例します。一方、$I = bd^3/12$ より

$$\delta_A : \delta_B = \frac{1}{a \times (2a)^3} : \frac{1}{2a \times a^3} = \frac{1}{8} : \frac{1}{2} = 1 : 4$$

と求めることができます。

問題2（平成 28 年改題）

図のような鉛直荷重が作用するトラスにおいて、部材 BC に生じる軸力を求めなさい。ただし、軸力の符号は引張力を「＋」とします。

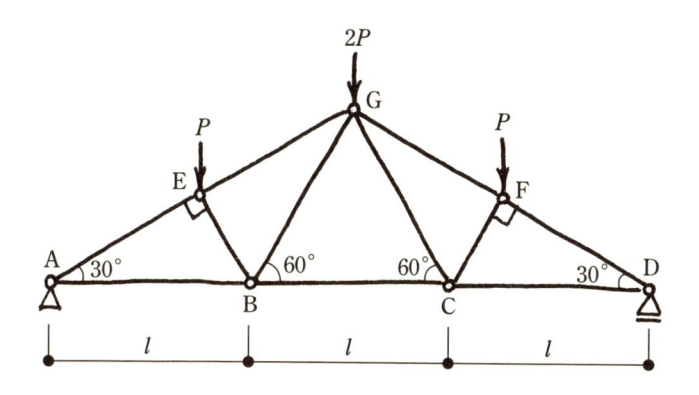

解説

Point

①トラス問題は切断法で解く。

②不要な未知応力が消える点まわりのつりあい式を立てる。

まず、支点反力を求めますが、フレーム、荷重とも対称なので、反力は $V_C = 2P$ となります。次に、応力を求めようとする部材 BC を含む切断面を

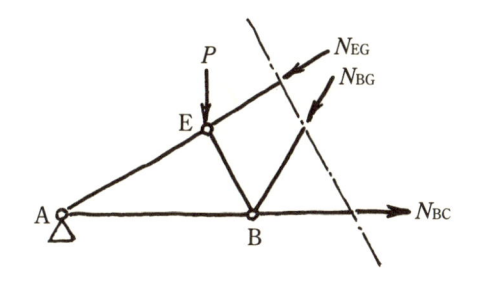

仮定し、切断された部材の未知応力 N_{EG}、N_{BG}、N_{BC} を定義します。

　左側のトラス部分について、任意の点まわりの回転のつりあい式を立てます。このとき、未知応力は三つありますが、必要のない N_{EG}、N_{BG} をうまく消すことができれば未知応力が一つになり、つりあい式が一つあれば解くことができます。

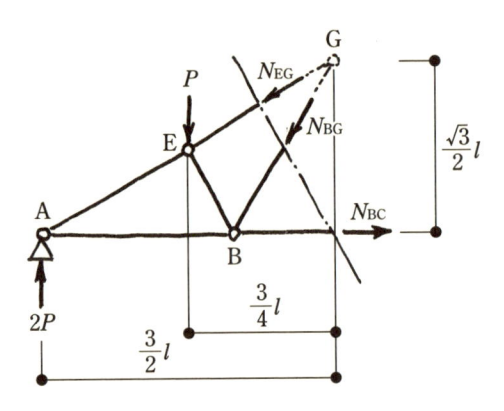

　そこで、N_{EG}、N_{BG} の作用線の交点 G まわりのつりあい式を立てると、これらはきれいに消え、N_{BC} だけを含む式になります。あとは各応力と点 G までの距離を求めれば解くことができます。

$\Sigma\, M_G = 0$ より

$$2P \times \frac{3\,l}{2} - P \times \frac{3\,l}{4} + N_{BC} \times \frac{\sqrt{3}\,l}{2} = 0$$

$$\therefore N_{BC} = \frac{3\sqrt{3}}{2}\,P$$

　引張側に仮定した値がプラスになっているので、答えは $N_{BC} = +\dfrac{3\sqrt{3}}{2}\,P$ となります。

問題 3（平成 27 年改題）

　図のような水平荷重 P を受けるラーメンにおいて、部材 BC のせん断力を求めなさい。

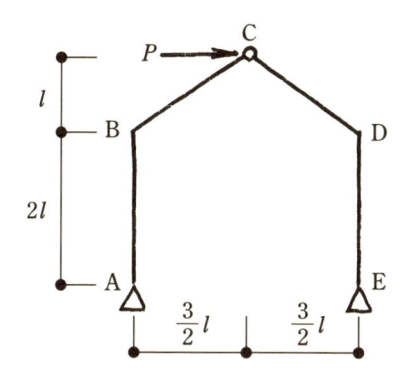

解説

Point

> ① 静定構造物なので、反力から順に求めていく。
>
> ② せん断力は曲げモーメントの勾配を表す。

　問題の架構はスリーヒンジラーメンであり、静定構造物になります。反力を下図のように定義すると、$\Sigma M_E = 0$ より

$$P \times 3l - V_A \times 3l = 0 \qquad \therefore V_A = P$$

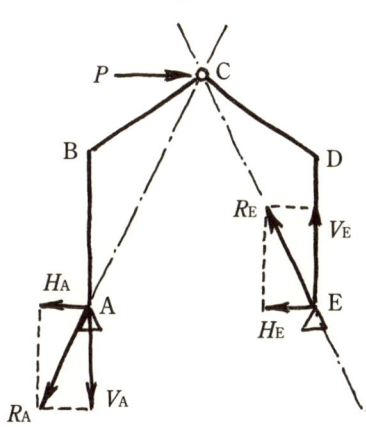

また、R_A、R_E の作用線は、点 C の曲げモーメントがゼロであるから必ず点 C を通るので、幾何学的条件から

$$H_A = \frac{1}{2}\,V_A = \frac{P}{2}$$

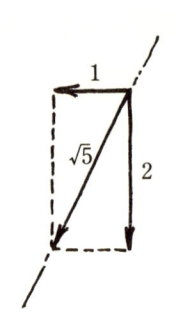

左側の架構の応力図は次のように概略描けますが、部材 AB のせん断力は点 A の水平反力 H_A に等しいので、点 B の曲げモーメント M_B は

$$M_B = \frac{P}{2} \times 2\,l = P\,l$$

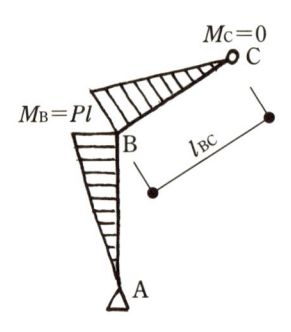

したがって、部材 BC のせん断力は、部材 BC の曲げモーメント勾配を表すので、次式により求めることができます。ここで、部材長 l_{BC} は

$$l_{BC} = \sqrt{\left\{ l^2 + \left(\frac{3\,l}{2}\right)^2 \right\}} = \frac{\sqrt{13}}{2}\,l$$

であるから、

$$Q_{BC} = \frac{P\,l}{\dfrac{\sqrt{13}}{2}\,l} = \frac{2}{\sqrt{13}}\,P$$

となります。

問題 4 （平成 27 年改題）

　図のような剛で滑らない面の上に置いてある剛体の重心に漸増する水平力が作用する場合、剛体が浮き上がり始めるときの水平力 F の重力 W に対する比 α を求めなさい。ただし、剛体の質量分布は一様とします。

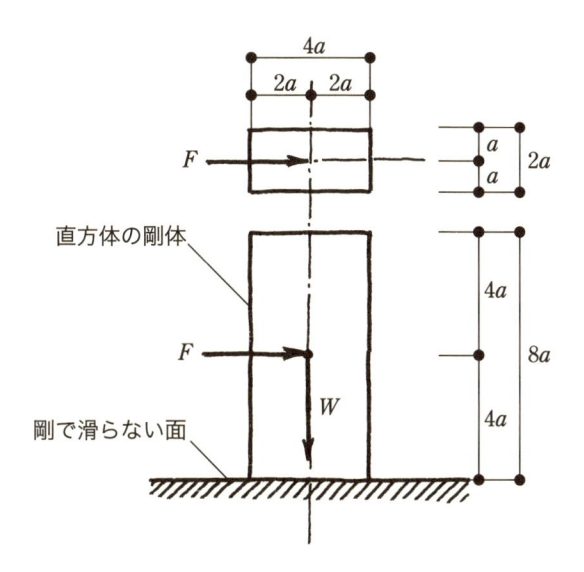

解説

Point

転倒問題は回転のつりあいから求める。

　これはすでに第 2 章第 1 節「墓石で地震力の大きさがわかる？」(43 頁) で解説したので、あらためて説明するまでもありません。点 A まわりのつりあい式より、

$$F \times 4a - W \times 2a = 0$$

$$\therefore \alpha = \frac{F}{W} = 0.5$$

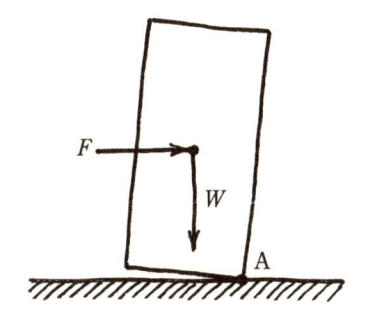

　図のような鉛直荷重 P と水平荷重 Q が作用する骨組において、固定端 A に曲げモーメントが生じない場合の荷重 P と荷重 Q の比を求めなさい。

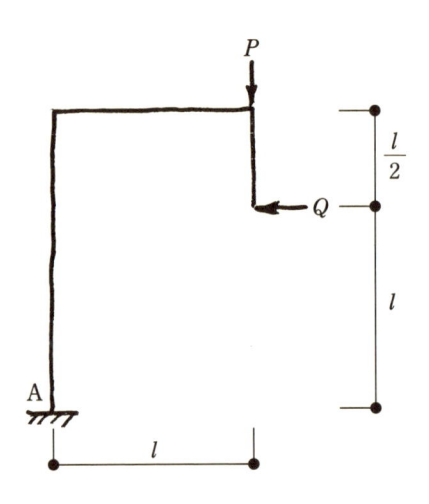

> **ポイント：問題文にヒントが示されている。**

　未知数が P と Q の二つですが、比を求める問題であるから式一つだけで解くことができます。問題文に「点 A まわりの曲げモーメントがゼロ」と記されているので、点 A まわりの回転のつりあい式を立てると一気に解が得られます。

　すなわち、点 A まわりの回転のつりあい　$\sum M_{\mathrm{A}} = 0$ より

$$P \times l - Q \times l = 0$$

$$\therefore P : Q = 1 : 1$$

　図のような水平力 P が作用する骨組において、柱 A、B、C の水平力の分担比を求めなさい。ただし、3 本の柱はすべて等質等断面の弾性部材とし、はりは剛体とします。

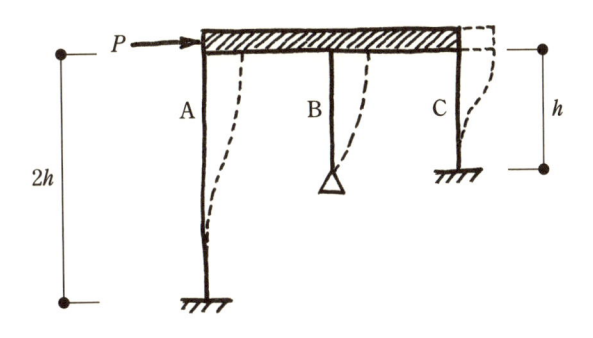

解説

Point

> それぞれの変形する様子を頭の中でイメージする。

　次図に示すように、部材 A 〜 C の水平変形 δ は同一であり、部材の変形は先端に集中荷重が作用する片持ちばりを組み合わせたものと同じになります。

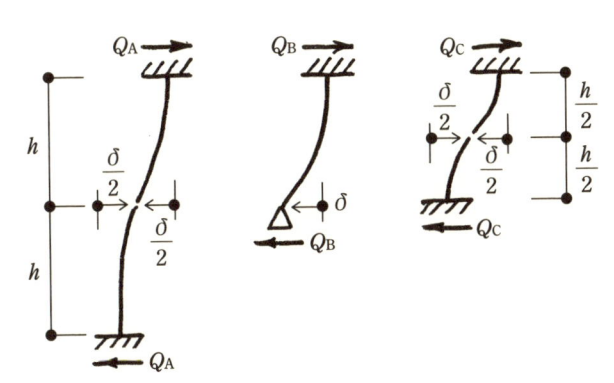

先端に集中荷重が作用する片持ちばりの公式は次式で表されます。

$$\delta = \frac{P l^3}{3 EI}$$

このたわみ式を各部材に適用すると次のようになります。

部材 A $\qquad \delta = 2 \times \dfrac{Q_A h^3}{3 EI} = \dfrac{2 h^3}{3 EI} Q_A \qquad \therefore Q_A = \dfrac{3 EI}{2h^3} \delta$

部材 B $\qquad \delta = \dfrac{Q_B h^3}{3 EI} = \dfrac{h^3}{3 EI} Q_B \qquad \therefore Q_B = \dfrac{3 EI}{h^3} \delta$

部材 C $\qquad \delta = 2 \times \dfrac{Q_C \left(\dfrac{h}{2}\right)^3}{3 EI} = \dfrac{2 h^3}{12 EI} Q_C \qquad \therefore Q_C = \dfrac{12 EI}{h^3} \delta$

したがって、水平力の分担比は共通項（$3EI/h^3$）δ で割れば

$$Q_A : Q_B : Q_C = \frac{1}{2} : 1 : 4 = 1 : 2 : 8$$

と求めることができます。

　図のようなはり A およびはり B に等分布荷重 w が作用したときの曲げによる最大たわみ δ_A と δ_B の比を求めなさい。ただし、はり A およびはり B は等質等断面の弾性部材とします。

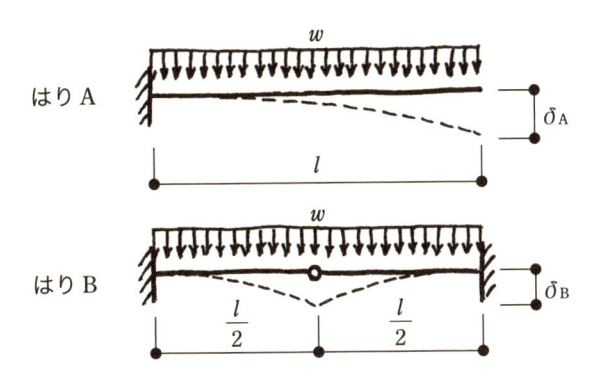

解説

Point

それぞれの変形する様子を頭の中でイメージする。

　この問題もさきほどの問題と同様の考え方で解くことができます。

　等荷重が作用する片持ちばりのたわみ式を各部材に適用すると次のようになります。

部材 A　$\delta_A = \dfrac{wl^4}{8EI}$

部材 B　$\delta_B = \dfrac{w\left(\dfrac{l}{2}\right)^4}{8EI} = \dfrac{1}{16} \times \dfrac{wl^4}{8EI}$

したがって、$\delta_A : \delta_B = 16 : 1$

図のようなラーメンに荷重 $6P$ が作用したときの曲げモーメント図を描きなさい。ただし、はり部材の曲げ剛性は EI、柱部材の曲げ剛性は $2EI$ とし、図の A 点は自由端、B 点は剛接合とする。また、曲げモーメントは材の引張側に描くものとします。

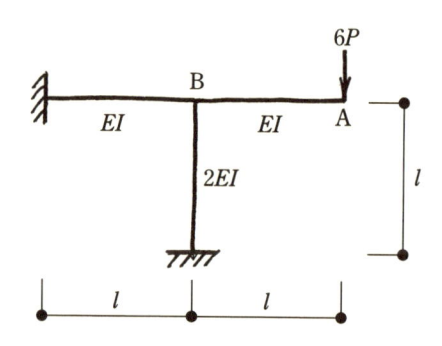

解説

Point

① 柱はりの剛比に応じて材端モーメントを分割する。

② 各部材の他端への到達率は 1/2。

片持ちばりの固定端モーメント　$M = 6Pl$

一方、柱とはりの剛比は、スパンが等しいことから EI に比例し、はりと柱に $1:2$ に分割されます。

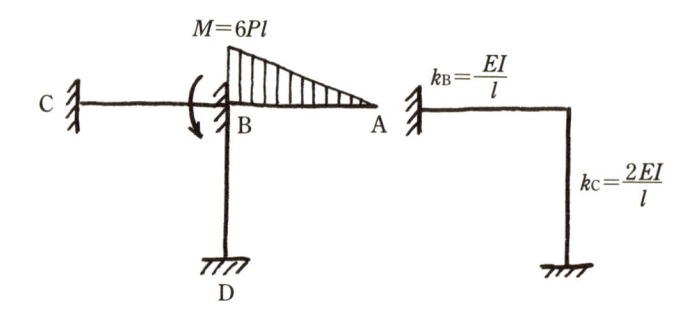

すなわち、材端モーメント $6Pl$ は、はり CB と柱 BD の剛比に応じて、それぞれ $2Pl$ と $4Pl$ に分割されます。

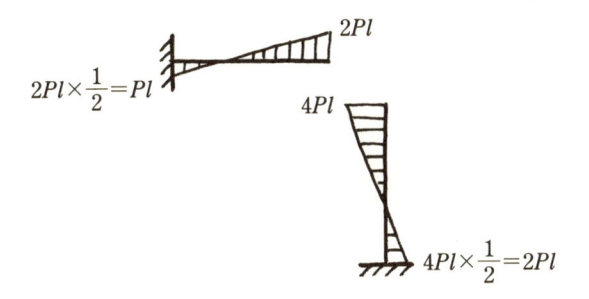

　また、C 端、D 端には、それぞれ B 端の 1/2 の材端モーメントが生じます。これらを応力図としてまとめると次のように描けます。

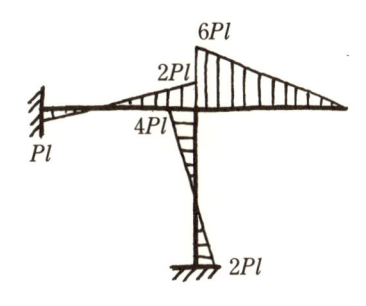

　図のようなはりにおいて、B 点および C 点にそれぞれ集中荷重 P_B と P_C が作用する場合、支点 A に鉛直反力が生じないようにするための P_B と P_C の比を求めなさい。

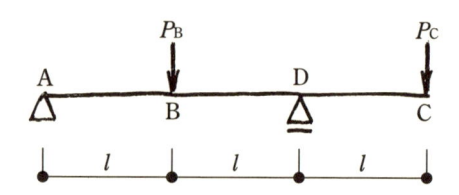

解説

Point

> 問題文にヒントが示されている。

　これも簡単に解ける問題です。問題文では、「支点 A に鉛直反力が生じないようにする」と書かれているので、支点 A の反力 V_A をゼロとおきます。未知数 P_B と P_C の比を求めるだけであるから、あとは残りの支点 D まわりのつりあい式を立てるだけです。

$$\Sigma M_D = 0 \text{ より}$$

$$V_A \times 2l - P_B \times l + P_C \times l = 0$$

問題文より $V_A = 0$ であるから、$-P_B \times l + P_C \times l = 0$

$$\therefore P_B = P_C$$

これより、$P_B : P_C = 1 : 1$

図のような荷重が作用するスリーヒンジラーメンにおいて、A 点における水平反力 H_A の大きさを求めなさい。

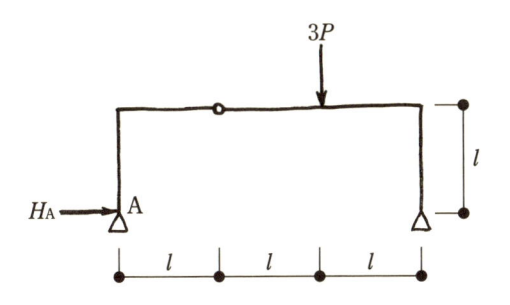

Point

> スリーヒンジ構造はこわくない。

スリーヒンジラーメンの解法については、第 3 章第 2 節「スリーヒンジ構造はこわくない」（132 頁）のところで解説しましたので、ここでは割愛します。反力 R_A、R_E の作用線と反力の鉛直分力 V_A、水平分力 H_A との関係を図示すると次のようになります。

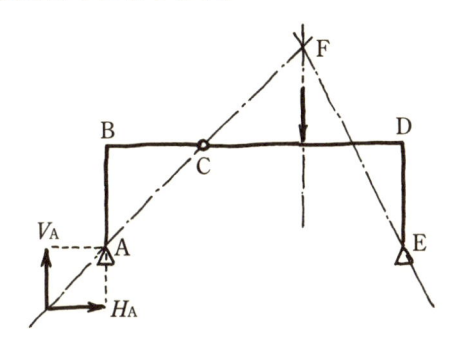

点 E まわりのつりあい式より

$$V_A = P \times 3l - 3P \times l = 0 \qquad \therefore V_A = P$$

一方、反力 R_A の作用線の角度は 45 度になることから、$H_A = V_A = P$

　図のようなはりＡおよびＢに等分布荷重 w が作用したときの曲げによる最大たわみ δ_A と δ_B の比を求めなさい。ただし、はりＡおよびはりＢは等質等断面の弾性部材とします。

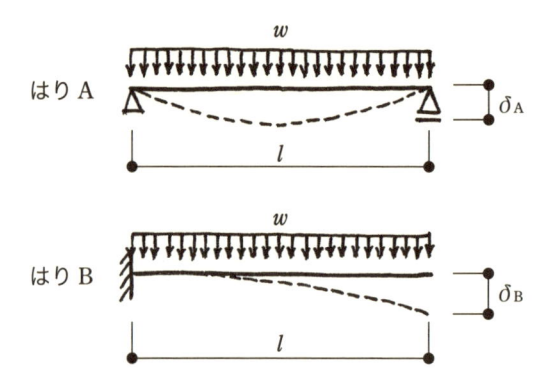

解説

Point

① 基本的なたわみの公式を暗記しておく。

② 比を求める問題は最後まで比率だけで計算する。

　たわみに関する問題はよく出ます。基本的なたわみの公式を覚えてさえいれば、解けたのも同然です。

$$\text{はり A} \qquad \delta_A = \frac{5\,wl^4}{384\,EI}$$

$$\text{はり B} \qquad \delta_B = \frac{wl^4}{8\,EI}$$

　したがって、

$$\delta_A : \delta_B = \frac{5}{384} : \frac{1}{8} = 5 : 48$$

　図は 120 kN の荷重が作用し、柱脚に 100 kNm の曲げモーメントが生じて
つりあったときの曲げモーメント図を示しています。このとき、部材 A の
引張力の値を求めなさい。ただし、柱脚は固定とし、他はピン接合としま
す。また、図中の曲げモーメントは柱の引張縁側に示されているものとし
ます。

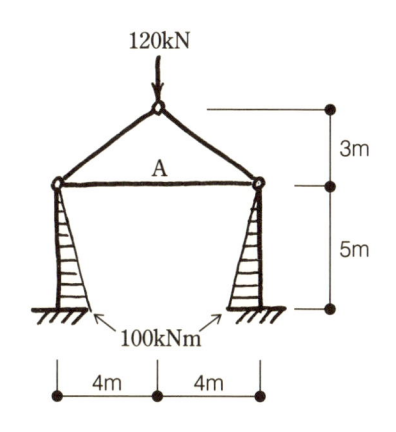

解説

Point

① 反力から順に求めていく。

② 求めたい軸力を含む回転のつりあい式を立てる。

　図中の曲げモーメントが柱の引張縁側に示されていることから、柱は外
側に押し出され、部材 A はそれを引き戻そうとしているため、引張力が作
用していることがわかります。

　次図のように支点反力を定義すると、鉛直方向のつりあいから

$$V_B = V_F = 60 \, \text{kN}$$

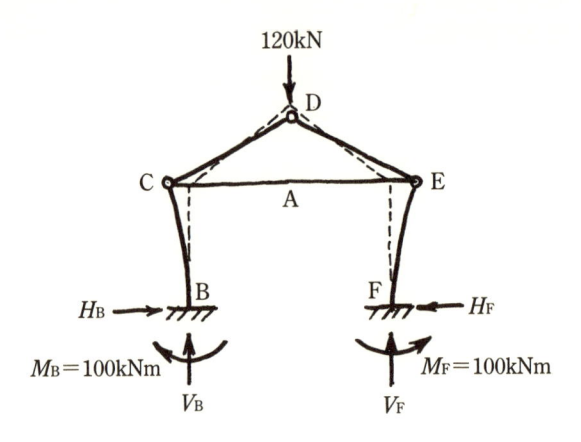

120kN

また、$\Sigma M_C = 0$ より

$\quad - H_B \times 5 + 100 = 0$

$\quad \therefore H_B = 20\,\text{kN}$

部材 A の引張力を N_A とすると、

$\Sigma M_D = 0$（左側の架構について）より

$\quad - H_B \times 8 + V_B \times 4 - N_A \times 3 + 100 = 0$

$\quad - 20 \times 8 + 60 \times 4 - N_A \times 3 + 100 = 0$

$\quad \therefore N_A = \dfrac{180}{3} = 60\,\text{kN}$

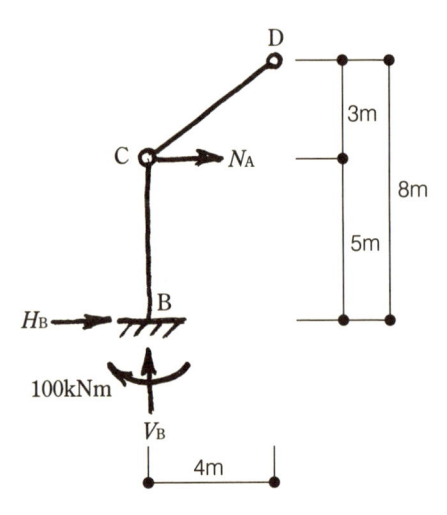

　図－1のような等質等断面で曲げ剛性EIの片持ちばりのA点に曲げモーメントMが作用するとき、自由端A点の回転角は（Ml/EI）となります。図－2のような等質等断面で曲げ剛性EIの片持ちばりのA点およびB点に逆向きの二つの曲げモーメントが作用している場合、自由端Cの回転角の大きさを求めなさい。

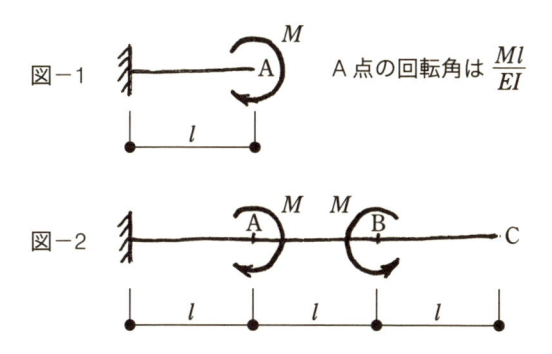

解説

Point

① 問題文のヒントは問題を解く鍵となる。

② 外力が作用しない範囲において回転角は一定。

　図－1をヒントに、図－2を次のように個々に回転角を求め、最後にそれらを足し合わせるという手順で解きます。このとき、B点にモーメントMが作用するときの回転角は、スパンを$2l$として計算します。

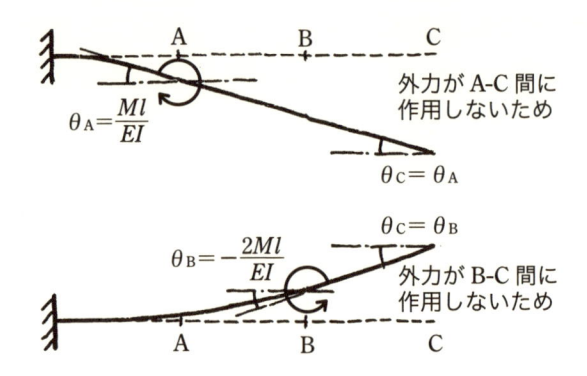

$$\theta_A = \frac{Ml}{EI}$$

外力が A-C 間に
作用しないため

$$\theta_C = \theta_A$$

$$\theta_C = \theta_B$$

$$\theta_B = -\frac{2Ml}{EI}$$

外力が B-C 間に
作用しないため

　また、外力が作用しない範囲において回転角は一定となるので、材端 C
における回転角はそれぞれ A 点、B 点における回転角と同じになりますが、
それがわかるかどうかがポイントになります。

　以上より、A 点、B 点にモーメントが同時に作用した場合の回転角は、
それらを足し合わせて、

$$\theta_C = \theta_A + \theta_B = \frac{Ml}{EI} - \frac{2Ml}{EI} = -\frac{Ml}{EI}$$

と求めることができます。したがって、自由端 C の回転角の大きさはその
絶対値

$$\theta_C = \frac{Ml}{EI}$$

となります。

図－1の鉄骨骨組について、図－2に鉛直荷重時の曲げモーメントと柱脚反力、図－3に地震による水平荷重時の曲げモーメントと柱脚反力を示しています。地震時に柱に生じる短期の「圧縮応力度と圧縮側曲げ応力度の和」の最大値を求めなさい。ただし、柱は断面積 $A = 1.0 \times 10^4\,\mathrm{mm^2}$、断面係数 $Z = 2.0 \times 10^6\,\mathrm{mm^3}$ とし、断面検討には節点応力を用いることとします。

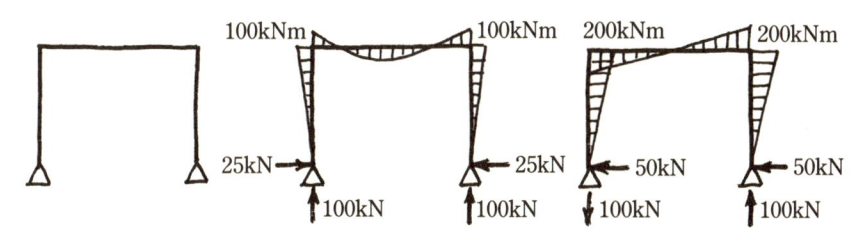

図－1 骨組形状　　図－2 鉛直荷重時応力図　　図－3 水平荷重時応力図

解説

Point

① 短期応力は長期応力と地震時応力の和である。

② 曲げと軸力を受ける応力度の式は覚えておく。

圧縮応力度と圧縮側曲げ応力度の和を求める基本的な問題で、曲げと軸力を受けるときの応力度を求める次式を用います。

$$\sigma = \frac{N}{A} + \frac{M}{Z}$$

求めようとする柱について図－2と図－3の応力を足し合わせると、圧縮応力度と圧縮側曲げ応力度の和の最大値は

$$\sigma = \frac{N}{A} + \frac{M}{Z} = \frac{-200 \times 10^3}{1.0 \times 10^4} + \frac{-300 \times 10^6}{2.0 \times 10^6} = -20 - 150 = -170\,\mathrm{N/mm^2}$$

より、$170\,\mathrm{N/mm^2}$（圧縮）となります。

あとがき

　音楽ジャンルの一つにブルースがあります。ブルースは19世紀後半頃、アメリカで黒人霊歌やフィールドハラー（Field-Holler）と呼ばれる即興的な労働歌から発展した黒人音楽と言われています。自分の身近な感情、できごとを表現した歌詞をギターで弾き語りすることが多く、当時はそれを「耳」で受け継いできたように思います。

　今でこそ、音楽理論の本を読めば、ブルースの基本的な構成はⅠ度、Ⅳ度、Ⅴ度の3コードを使ったコード進行で12小節をワンコーラスとするとか、シャッフルと呼ばれる、独特のはねるリズムパターンが基本だということを、いくらでも知ることができますが、当時は誰もそんなことを考えて演奏していなかったはずです。

　後から体系づけられた音楽理論を知っていれば、音楽の幅がより広くなるとは思いますが、理論を知っていても演奏できるとは限りません。まず、自分で楽器を持って実際に音を出してみることが先で、そうでないと「音を楽しむ」ことはできないと思います。

　構造力学も同じようなことが言えます。いきなり難しい理論を勉強するより、これまで経験に基づく「直感」を活かして現象を捉えていくほうが、理解が早いし応用も効くように思います。それに、いくら難しい問題の解き方や手順を知っていても、それを実際の場面で使えないとまったく意味がありません。

　執筆にあたってのコンセプトは「読ませる構造力学」です。構造力学を解説しようとすると、いくら入門書であっても最低限の数式が必要です。それをどこまで減らしていけば良いか、そのバランスを考えるとともに、専門書に対する苦手意識を払拭し、気軽に手にとって読んでもらえるスタイルを心がけながら、約1年かけて執筆してきました。また、前著と同様、本文中のイラストをすべて手書きし、アナログ感を出してノートのような

本に仕上げました。各章の隙間には、4編の建築コラムも添えました。

　答えを求めてそれで終わりでなく、読者に工学的な意味を考えて理解させることが入門書には求められていると考えます。とりあえずひととおり読むだけでも良いし、実際に自分で解いてみるとなお良いと思います。本書に物足りなさを感じたときが、次のステップに進むときです。本書を手にしたことがきっかけになって、ひとりでも多くの方が構造力学に興味をもち、さらにはその先にある構造設計に魅力を感じてもらえたら幸いです。とくに、若い人たちがひとりでも多く構造設計者になって次の世代を担ってくれることを私は願っています。

　最後に、本書の出版の機会を与えてくださった一般社団法人日本建築協会ならびに同出版委員会の方々に対し、深く謝意を表します。株式会社学芸出版社編集部の岩崎健一郎氏には、今回も企画から編集、そして出版に至るまでたいへんお世話になりました。また、社内外を問わず、これまで何かとお世話になったすべての方々に対し、厚くお礼申し上げます。

2018 年 2 月吉日
山浦晋弘

参考文献

1　山浦晋弘『直感で理解する！ 構造設計の基本』学芸出版社、pp.98 ～ 99、
　2016 年 4 月

2　日置興一郎『構造力学Ⅰ』朝倉書店、p.71、1970 年 6 月

3　日置興一郎『構造力学Ⅰ』朝倉書店、p.135、1970 年 6 月

4　小塚一宏「歩行中・自転車運転中の "ながらスマホ" 時の視線計測と
　危険性の考察」『IEICE Fundamentals Review』Vol.10 No.2、pp.129 ～
　136、2016 年 10 月

5　NTT ドコモ：携帯電話のマナー 「全員歩きスマホ in 渋谷スクランブ
　ル交差点」篇、2014 年 3 月
　☞ https://www. youtube. com/watch?v=3NDuWV9UAvs

山浦晋弘 （やまうら のぶひろ）

1958 年大阪府に生まれる。1984 年に大阪市立大学大学院工学研究科（建築学専攻）卒業後、株式会社安井建築設計事務所入社、現在に至る。構造部長。2010 年より大阪市立大学非常勤講師。著書に『直感で理解する！構造設計の基本』。一級建築士、構造設計一級建築士、JSCA 建築構造士、APEC エンジニア。

カバーテーマ 「力と安定」
カバーイメージ、文中のイラスト作成：山浦晋弘

直感で理解する！構造力学の基本

2018 年 3 月 1 日　　第 1 版第 1 刷発行

企　画 ……… 一般社団法人 日本建築協会
著　者 ……… 山浦晋弘
発行者 ……… 前田裕資
発行所 ……… 株式会社 学芸出版社
　　　　　　 〒 600-8216
　　　　　　 京都市下京区木津屋橋通西洞院東入
　　　　　　 電話 075-343-0811
　　　　　　 http://www.gakugei-pub.jp/
　　　　　　 E-mail info@gakugei-pub.jp

装　丁 ……… 森口耕次
印　刷 ……… オスカーヤマト印刷
製　本 ……… 新生製本

直感で理解する！構造設計の基本

山浦晋弘 著／日本建築協会 企画

A5 判・216 頁・本体 2400 円＋税

著者の実務家・教員としての豊富な経験をもとに、設計者としての心得から構造計画、設計、施工に至るまで、実務で押さえておくべき項目や設計上の盲点（落とし穴）を、難しい数式を用いず、手描きのイラストや写真、図表と平易な文章で直感的に理解できるよう解説。構造設計の基本的な考え方と設計のセンスが身につく一冊。

図解　雨漏り事件簿　原因調査と対策のポイント

雨漏り 110 番技術班 監修／玉水新吾・唐鎌謙二 著／日本建築協会 企画

A5 判・216 頁・本体 2500 円＋税

住宅トラブルの大半を占める雨漏りの原因調査と対策について、修理実績 1 万 1 千件以上・解決率 97％超、日本最大のプロ集団である「雨漏り 110 番」が総力を挙げ、多数の生の事例をもとに実務に役立つポイントを解説。ヒアリングシートと多数の現場写真で原因と対策を丁寧に図解することで、ノウハウをぎっしり詰め込んだ一冊。

図解 住まいの寸法 暮らしから考える設計のポイント

堀野和人・黒田吏香 著／日本建築協会 企画

A5 判・200 頁・本体 2600 円＋税

住宅の設計には、そこに住む人の暮らしをふまえた寸法への理解が欠かせない。本書では、玄関、階段、トイレ、洗面室など、住まいの 13 の空間の持つ機能と要素を整理し、そこで行われる生活行為に支障のない、理に適った寸法をわかりやすい 2 色刷イラストで紹介。寸法という数字の持つ意味を知ることで設計実務に活かせる一冊。

設計・監理・施工者のための 建築品質トラブル予防のツボ

仲本尚志・馬渡勝昭 著／日本建築協会 企画

A5 判・256 頁・本体 2800 円＋税

確かな品質の建築をつくるには、設計者・監理者・施工者の協力がかかせない。本書は、トラブルの起こらない建物をつくるために三者が共通して知っておかなければならない建築工事の基本知識とトラブル予防のポイントを「危険予知と予防」の観点からわかりやすく解説する。どこからでも読める、若手〜中堅技術者必携の手引き。

写真マンガでわかる 工務店のクレーム対応術

玉水新吾・青山秀雄 著／日本建築協会 企画

四六判・220 頁・定価 本体 2000 円＋税

住宅建設需要が減退し、施主一人ひとりとの長期的な関係づくりが重要となるなか、施主の満足度を高めるために工務店は何をすべきなのか？　本書は、施主とのコミュニケーション不足から生まれるよくあるクレームを網羅し、正しい事前説明とクレーム発生後の対応をわかりやすく解説。選ばれる工務店になるためのヒントが満載！

写真マンガでわかる 住宅メンテナンスのツボ

玉水新吾・都甲栄充 著／日本建築協会 企画

A5 判・248 頁・本体 2800 円＋税

ストックの時代を迎え、長期間にわたり住宅メンテナンスを担える人材のニーズは高まる一方だ。本書は、敷地・基礎から、外壁・屋根・小屋裏・内装・床下・設備・外構に至るまで、住宅の部位別に写真マンガでチェックポイントと対処法、ユーザーへのアドバイスの仕方をやさしく解説。住宅診断・メンテナンス担当者必携の 1 冊。

写真マンガでわかる 建築現場管理 100 ポイント

玉水新吾 著／阪野真樹子 イラスト／日本建築協会 企画

四六判・224 頁・本体 1900 円＋税

整理整頓の励行、手抜きのできない現場の実現によって、職人のマナー向上やコストダウン、クォリティの高い仕事をめざそう。本書は、実際の建築現場に見られる管理の悪い例を写真マンガで指摘。その現場の問題点と改善のポイントを解説し、管理のゆき届いた良い例もビジュアルで明示した。現場管理者必携のチェックブック。

プロが教える住宅の植栽

藤山宏 著／日本建築協会 企画

B5 判・176 頁（カラー 32 頁）・本体 2800 円＋税

住居への緑のニーズは高まり、住む人のライフスタイルに応じた多様な植栽が求められている。建築主が納得する植栽を提案するには？　本書は、植物の基礎知識及び住空間の各部位ごとの植栽計画を掘下げ、観葉植物、壁面・屋上の植栽も含め、樹種選定からメンテナンスまで、樹木・草花を使いこなす技術を具体的に解説した。

住宅エクステリアの 100 ポイント

計画・設計・施工・メンテナンス

藤山宏 著／日本建築協会 企画

A5 判・232 頁・本体 2500 円＋税

住宅の外部空間にこだわりを持つ建築主が増えたこと、景観への意識が高まったことなどにより、エクステリアの需要は拡大している。しかし、他業種出身の技術者が集まった現場は、誤解や理解不足による不具合が多いのも現実である。本書は、求められる広範な知識を建築・土木・造園を軸に体系的に整理し、解説した初めての書。

学芸出版社 | Gakugei Shuppansha

📄 図書目録
📄 セミナー情報
📄 電子書籍
📄 おすすめの 1 冊
📄 メルマガ申込
　（新刊 ＆ イベント案内）
📄 Twitter
📄 Facebook

建築・まちづくり・
コミュニティデザインの
ポータルサイト

🐦 WEB GAKUGEI
www.gakugei-pub.jp/